**잠시도 말이
끊기지 않게 하는 대화법**

"MATA AITAI" TO OMOWARERU! KAIWA GA HAZUMU KOTSU

©Takuro Yamaguchi 2017

Korean translation rights arranged with Mikasa-Shobo Publishers Co., Ltd., Tokyo
through Japan UNI Agency, Inc., Tokyo and EntersKorea Co.,Ltd.

이 책의 한국어판 저작권은 (주)엔터스코리아를 통해 저작권자와 독점 계약한 센시오에 있습니다.
저작권법에 의하여 한국 내에서 보호를 받는 저작물이므로 무단전재와 무단복제를 금합니다.

어색함 없이 부드럽게 대화를 이끌어가는 기술

# 잠시도 말이 끊기지 않게 하는 대화법

야마구치 다쿠로 지음 | 김현영 옮김

센시오

# 막힘없는 대화가
# 막힘없는 인생을 만든다

나는 '인터뷰어(interviewer)'라는 직업을 가지고 있다. 이 일을 하면서 거물급 정치인, 기업 CEO, 연예인부터 평범한 가정주부와 10대 학생, 90대 노인에 이르기까지 2,000명이 넘는 사람들과 대화를 나누었다.

그들 한 명 한 명과 인터뷰를 하면서, 사람들이 흥미를 가지고 대화에 뛰어들게끔 유도해야 했고, 더불어 편안하게 속 이야기를 털어놓도록 다독여야 했다. 대화가 어딘가에 걸리거나 멈추지 않고 즐겁게 흘러가도록 만드는 것이 바로 나의 일이다.

많은 이들이 나를 찾아와 상담을 하곤 한다. 남들과 즐겁게 대화를 나누는 비결을 알려달라고 청하기도 하고, 때로는 '대화 공포증'을 호소하기도 한다.

남과 눈을 마주치기가 어렵다, 몸이 땀에 젖을 정도로 긴장을 잘한다, 남이 나를 어떻게 볼까 걱정이다, 침묵이 무섭다, 무슨 말을 해야 할지 모르겠다, 상황에 맞는 재치 있는 말이 떠오르지 않는다, 누군가와 만나서 얘기 나누는 것 자체가 고통이다……

그들의 심정에 진심으로 공감한다. 사실 나도 한때는 위의 증상들을 모두 겪었기 때문이다. 믿기지 않겠지만, '대화의 노하우'를 체득하기 전까지 나는 낯가림 하나만큼은 누구에게도 뒤지지 않던 사람이었다. 그렇기에 사람들이 왜 대화를 힘들어하는지 너무나 잘 알고 있다. 또한 '누구와도 막힘없이 대화하는 법'을 알게 된 지금, 세상이 얼마나 달라지는지를 누구보다 생생이 체험하고 있다.

어쩌면 당신도 예전의 나와 같은 고민을 하고 있을지 모르겠다. '사람들과 대화만 시작되면 불안해하고 도망가고 싶어 하는 이 모습으로 평생 살고 싶지는 않아. 누구를 만나든 즐겁게 대화하고 싶어.'

만약 그렇다면, 이렇게 단언하겠다.

**"당신의 고민은 반드시 해결될 수 있다!"**

- 일상적인 대화를 매력적으로 주도하는 법
- 어려운 상대, 친해지고 싶은 상대의 마음을 여는 대화 기술
- 무리에 자연스럽게 녹아드는 '어울림'의 대화법
- 상대방의 이야기에 적절히 반응하는 법
- 또 만나고 싶은 사람이 되는, 첫 만남의 대화 요령
- 분위기 띄울 이야깃거리를 어디서든 쉽게 떠올리는 법

자신감이 바닥이었던 나는 2,000명이 넘는 사람들을 만나서 다양한 대화 상황을 겪어나가며 위의 요령들을 하나하나 터득했다. 방법은 전부 간단하고 직관적이어서 지금 당장에라도 써먹을 수 있다. 내 상황에 맞는 대화법을 골라서 하나씩 실천하다 보면 어느 순간 내면에 자리 잡은 대화 공포증 또한 말끔히 사라지리라.

상상해보라. 자전거 초보일 때는 넘어질까 겁이 나고 자꾸만 움츠러든다. 페달을 밟기 위해 땅에서 한 발 떼는 것조차 엄두가 안 난다. 하지만 운전법을 익혀서 바람을 가르고 쌩쌩 내달리는 쾌감을 맛본 후에는 틈만 나면 자전거를 타고 싶어진다. 대화 역시 마찬가지다. 방법을 알고 재미를 아는 순간, 당신은 누구보다 대화를 즐기는 사람이 될 것이다. 실제로 이 책에서 소개하는 대화

의 원리를 시험해본 사람들에게서 '평범한 일상이 행복해졌다'
는 경험담을 듣곤 한다.

이 책에서 소개하는 방법들은 대화에 활기를 불어넣고 함께하는
사람들을 즐겁게 만든다. 그 이유는 '애정'을 밑바탕으로 하기 때
문이다.
'대화하는데 웬 애정?'
고개가 갸우뚱거릴 테지만 그것이 바로 핵심이다. 편안하고 즐
거운 대화란 '내 말을 쏟아내는 대화'가 아니라 '상대방의 말을
끌어내는 대화'다. 또한 '남을 휘두르는 대화'가 아니라 '서로를
북돋는 대화'다.

> '이 사람이 기분 좋게 자기 이야기를 들려주면 좋겠다.'
> '대화를 통해 저 사람을 더 잘 알고 싶다.'
> '내 말이 저 사람을 위로해주었으면 좋겠다.'

좋은 대화에는 이렇게 상대를 향한 배려와 애정이 녹아 있다. 마
치 캐치볼을 할 때처럼 끊이지 않고 진심을 주고받을 때, 대화는
생기를 띠게 된다. 이 책에서는, 우리들 안의 이런 의도를 가장

매력적이고도 구체적인 방식으로 표현할 방법을 하나하나 찾아 나가고자 한다.

애정이 담긴 대화는 삶을 바꾼다. 둘도 없는 친구들과 마음을 나누게 될 것이고, 최고의 파트너, 수많은 조력자들, 취미 생활을 함께 누리는 좋은 동료들이 당신 주위에 모여들 것이다.

혼자 고군분투하던 때보다 꿈도, 행복도, 목표도 훨씬 가깝게 다가오리라. 무엇보다 자기 자신을 바라보는 시선에 자신감이 가득 실릴 것이다.

인생은 한 번뿐이다. 대화가 서툴다는 이유로 '나만의 작은 껍데기' 안에 갇혀 살 것인가, 아니면 많은 이들과 마음을 나누며 가능성으로 가득한 바깥 세계로 날갯짓할 것인가?

선택은 당신 몫이다.

그리고 당신의 선택에 따라, 이 책은 둘도 없는 응원단이자 조언자가 되어줄 것이다.

"정말로 '하고 싶었던 말'과 제 감정을 제대로 전달할 수 있게 되었어요."
-22세 대학생

"낯가림이 사라져서 대인관계에서 오는 스트레스가 줄었습니다."
-33세 프로그래머

"모임을 종종 피했는데, 대화가 편하고 즐거워지니까 사람들을 자꾸 만나게 돼요."
-30세 동호회 회원

"친구들과 대화를 나누는데, 재치 있는 말이 순간적으로 튀어나와서 다들 웃었어요."
-20세 대학생

"여자친구한테서 '센스 있다'는 칭찬을 들었어요."
-23세 연애 초보

"요즘 들어 밝아졌다는 소리를 자주 들어요."
-19세 학생

"고객들과 가까워져서 실적이 오르기 시작했습니다."
-27세 영업사원

"늘 무슨 말을 하지, 하고 고민했는데 이제 얘깃거리가 끊이지 않아요."
-42세 자영업자

"일터에서 좀 거북했던 사람과 관계가 좋아졌습니다."
-26세 사무직

"부부 사이의 대화가 늘어서 우리 가족 분위기가 화목해졌어요."
-38세 주부

# 목차

## 1부
## '할수록 즐거운 대화'와 '하다가 지치는 대화'의 차이

### 〜제1장〜
### '말을 잘한다'는 것은 곧 '잘 듣는다'는 것

### 〜제2장〜
### 당신은 뜨거운 말과 차가운 말을 구분할 줄 아는가?

**2부**

# 꺼진 대화도 살려내는 비결

# 3부 인생이 순탄해지는 '한마디'

# 나의 대화 점수 점검하기

## 듣기 영역

- [ ] 대화 도중 팔짱을 끼거나 다른 곳을 응시하지 않는다.
- [ ] 상대의 말을 중간에 끊지 않고 끝까지 듣는다.
- [ ] 뭔가 '아니다' 싶은 이야기가 나와도 일단은 들어준다.
- [ ] 상대가 한창 얘기할 때 내 경험이나 생각은 일단 접어둔다.
- [ ] 맞장구를 많이 치는 편이다.
- [ ] "그래요?", "어머나" 같은 추임새를 다채롭게 사용한다.
- [ ] 대화 도중 상대방이 뱉은 말을 나도 그대로 사용하는 습관이 있다.
- [ ] 친구가 뭔가 자랑하고 싶어 하면 거기에 대해 구체적으로 물어본다.
- [ ] 뭔가를 질문했으면 답변이 내 의도와 달라도 진지하게 듣는다.
- [ ] 관심 없는 분야나 전혀 모르는 분야라도 내가 아는 선에서 질문을 던진다.
- [ ] 대화 도중 "미안, 잠깐 딴 생각하느라……"라는 말을 해본 적이 없다.
- [ ] 남의 말을 들을 때 수첩에 메모를 한다.
- [ ] 상대방이 눈치 채지 못하게 요령껏 화제를 돌리는 법을 알고 있다.
- [ ] 말솜씨가 뛰어나지 않은데도 늘 주변에 사람들이 많다.
- [ ] 무심코 들은 정보도 나중에 큰 도움이 될 수 있다고 생각한다.

**13점 이상 :** 듣기의 달인이시군요. '말할 맛이 나는 사람'이라는 평가를 자주 듣는 유형입니다.

**6~12점 :** 문제가 심각하진 않으나 대화 후에 특별한 인상을 남기지 못합니다.

**5점 이하 :** 듣기 영역이 취약합니다. 혹시 대화하던 상대방이 갑자기 화장실에 가는 상황이 자주 발생하지 않나요? 1장으로 안내합니다.

## 말하기 영역

☐ 부정적인 말일지라도 부드럽게 들리도록 노력한다.

☐ 뭔가를 설명할 때 예화나 예시를 많이 든다.

☐ 감정을 표현할 때 비유를 많이 사용한다.

☐ 사람들 앞에서 나의 흑역사를 즐겨 말한다.

☐ 앞으로의 목표나 꿈에 대해 구체적으로 이야기한다.

☐ 인터넷 등에서 재미있는 얘깃거리나 화제를 접하면 기억해뒀다가 써먹는다.

☐ 내가 뭔가를 부탁하면 사람들이 대부분 응하는 편이다.

☐ "그런 칭찬은 처음이에요" 하는 말을 종종 듣는다.

☐ 처음 보는 사람과도 자연스럽게 대화할 소재가 떠오른다.

☐ '날씨 이야기'만으로 3분 이상 즐겁게 이야기할 수 있다.

☐ 사람들에게 요즘 유행하는 음식이나 맛집에 관한 정보를 말해줄 수 있다.

☐ 아무리 친해도 정치나 종교 이야기는 하지 않는다.

☐ 꼭 재미있는 대화만 좋은 대화라고 생각하지 않는다.

☐ 의견이 달라도 말싸움으로는 거의 번지지 않는다.

☐ 반대 의견을 말할 때 "(네 입장에서는) 물론 ~하겠지만"이라는 표현을 즐겨 쓴다.

☐ "그래서 결론이 뭐야?"라는 말을 거의 듣지 않는다.

**14점 이상** : 콩으로 팥빙수를 만든대도 사람들이 곧이듣는 수준입니다. 어느 누구와도 유쾌한 대화를 나눌 수 있습니다.

**6~13점** : 일상적인 대화는 무난하지만, 난이도가 높은 대화에서는 약점이 드러날 수 있습니다.

**5점 이하** : 말하기 영역이 취약합니다. '그런 말을 하려던 게 아닌데……' 하면서 한밤중에 이불을 차는 것이 일과 아닌가요? 2, 3, 4, 8, 11장으로 안내합니다.

## 질문하기 영역

☐ 내 질문에 사람들은 단답형이 아닌 긴 문장으로 답한다.

☐ 질문을 할 때는 구체적인 사례를 들어 범위를 좁힌다.

☐ 육하원칙에 따라 질문한다.

☐ 내가 흥미 있는 부분을 주로 질문한다.

☐ 친구의 속마음을 부담 주지 않고도 알아낼 수 있다.

☐ 대화 중 모르는 단어가 나오면 즉시 물어본다.

☐ 내가 맛집 등을 추천해달라고 하면 성의 있는 답이 돌아온다.

☐ 도움이 되는 정보를 들었다면 말해준 사람에게 꼭 결과를 보고한다.

☐ 초면에 '직장'이나 '애인'에 관해 직접 묻지 않는다.

☐ 바쁜 사람에게도 필요한 질문을 해서 답을 얻을 수 있다.

☐ 중요한 만남이 있을 때 질문 거리를 찾기 위해 정보를 탐색한다.

☐ '뭔가를 시작한 계기'에 관해 상대방에게 질문을 많이 한다.

☐ 명함을 받으면 잘 살펴보고 관련된 질문을 던지는 편이다.

☐ "몇 살이에요?"라고 묻지 않고도 다른 질문으로 상대방의 나이를 가늠할 수 있다.

**\*12점 이상** : 질문 하나로 사람들을 웃기기도, 울리기도 하는 당신. 독심술 없이도 상대방의 마음을 꿰뚫어볼 수 있습니다.

**\*5~11점** : 상대방의 진심을 듣고 싶다면 질문의 노하우를 더 공부할 필요가 있습니다.

**\*4점 이하** : 질문하기 영역이 취약합니다. 뭔가를 질문했는데 분위기가 순식간에 싸해지는 경우가 종종 생기지 않나요? 6, 9, 11장으로 안내합니다.

## 호응하기 영역

- ☐ 말의 내용뿐 아니라 말투와 어조에도 신경을 쓰는 편이다.
- ☐ '표정이 다양하다'는 평가를 종종 듣는다.
- ☐ 상대방의 말을 받을 때 내 경험담을 두루 활용한다.
- ☐ 누군가가 "힘들다"라고 하면 일단 동조해준다.
- ☐ 어떤 장소를 가면 '불만' 보다 '감탄' 을 주로 하는 편이다.
- ☐ 뉴스나 예능 프로그램을 볼 때 감정을 즉각 표현한다.
- ☐ 누가 뭔가를 물어보면 '응', '아니' 외에 부연설명을 곁들인다.
- ☐ 누군가가 신조어를 사용하면 그 단어에 집중한다.
- ☐ "나 5킬로그램 뺐어"라고 친구가 말한다면 최소한 다섯 가지 이상의 질문이 떠오를 것이다.
- ☐ 대화 도중 침묵이 흐르더라도 당황하지 않는다.
- ☐ 상대방이 대답을 곧바로 하지 못하면 재촉하지 않고 기다려준다.
- ☐ 두서없이 말하는 사람의 이야기는 정리해주고 넘어간다.
- ☐ 누군가가 푸념을 늘어놓으면 일단은 다 받아준다.
- ☐ 누군가의 험담을 들으면, 험담의 대상을 변호하지 않는다.
- ☐ 화가 나거나 스트레스 받은 사람과 대화해도 나는 동화되지 않는다.

*13점 이상 : 방청객 수준의 호응 능력을 보유하고 있습니다. 당신과 이야기를 하면 사람들은 카타르시스를 느낍니다.

*5~12점 : 형식적인 호응을 할 때가 종종 있군요. 다양한 호응 방법을 익히길 권합니다.

*4점 이하 : 호응하기 영역이 취약합니다. 상대방이 기분 좋게 이야기를 시작하다가도 금방 김 샌 표정을 지을지 모릅니다. 7, 10장으로 안내합니다.

## 다가서기 영역

☐ 주로 먼저 인사를 하는 편이다.

☐ 사람을 만나면 의식적으로라도 웃는다.

☐ "감사합니다"라고만 하지 않고 다른 한마디를 덧붙인다.

☐ 말을 걸 때는 상대방의 이름을 먼저 부른다.

☐ 누군가가 지난번에 했던 이야기를 기억했다가 다시 만날 때 언급하곤 한다.

☐ 늘 먼저 칭찬을 건넨다.

☐ 누군가의 칭찬을 들으면, 기억해뒀다가 당사자에게 전하곤 한다.

☐ 남자와 여자에게 칭찬할 때는 포인트가 서로 달라야 한다고 생각한다.

☐ 상대방과 나의 공통점을 쉽게 찾아내곤 한다.

☐ 내 전문 분야를 사람들에게 쉽게 설명할 수 있다.

☐ 잘 모르면서 아는 척 허세를 부리지 않는다.

☐ 진짜 내 모습이나 성격을 숨기지 않는 편이다.

☐ 연인이 아프거나 고민이 있을 때 오히려 사이가 더 돈독해진다.

☐ 대화에 끼지 못하는 사람이 있으면 같이 참여하도록 배려해준다.

☐ '나는 ~한 사람입니다'라고 나를 소개할 만한 키워드가 있다.

☐ 모임의 성격이나 분위기에 따라 추천할 만한 장소를 몇 군데 알고 있다.

☐ 여럿이 화기애애하게 이야기하고 있으면 나도 슬쩍 끼어들곤 한다.

**\*14점 이상 :** 오늘 처음 만난 사람과 계모임을 결성할 정도의 다가서기 능력을 지녔습니다. 짧은 대화로 사람을 사로잡습니다.

**\*6~13점 :** '자꾸만 보고 싶은 사람'이 되기에는 아직 내공이 부족합니다. 작은 한걸음이 필요합니다.

**\*5점 이하 :** 다가서기 영역이 취약합니다. 사람들과 함께할 때도 대화보다 스마트폰을 택하는 당신. 5, 10장으로 안내합니다.

1부

# '할수록 즐거운 대화'와
# '하다가 지치는 대화'의 차이

### 제 1 장

# '말을 잘한다'는 것은
# 곧 '잘 듣는다'는 것

"대화란, 풍선에
조심스레 바람을 불어넣는
일과도 같다."

23

# '말을 잘한다'는 것은 곧
# '잘 듣는다'는 것

## '내 말 좀 들어줘'라는 강렬한 욕망

인간에게는 '누가 내 말 좀 들어줬으면' 하는 욕구가 있다. 아마
도 단순한 욕구를 넘어 '끓어오르는 강렬한 욕망'이라고 해야 옳
을 것이다.

당신이 오랫동안 짝사랑하던 사람에게서 갑자기 데이트 신청을
받았다고 상상해보라. 길 가는 아무나 붙잡고서라도 벅차오르는
기쁨과 흥분을 나누고 싶어 참을 수 없을 것이다.

상사에게서 말도 안 되는 이유로 욕을 먹었다면 어떨까. 그 억울
한 심정을 누구에게라도 토로하지 않으면 밤에 잠이 오지 않을
것이다.

아내가 남편에게 불만이 많은 건 남편이 이야기를 제대로 들어
주지 않아서다.

부하직원이 상사 흉을 보는 건 건 상사가 부하의 입장을 이해해
주지 못해서다.

자녀가 부모에게 거리를 두는 건 자녀의 생각이 무조건 틀렸다
고 말하기 때문이다.

'누군가가 내 이야기를 들어주길 바라는 마음'은 인간이라면 누구나 가지는 강렬한 욕구다. 그렇기에 잘 들어주는 사람은 언제 어디서나 특별한 존재가 된다.

신은 인간에게 귀는 두 개 주셨으면서 입은 하나만 주셨다. 왜 그럴까? 말하는 것의 두 배로 남의 말을 들어야 하기 때문이다. 유대인들에게 대대로 전해 내려오는 이 격언은 '경청'이 얼마나 중요한지를 분명히 말해준다.

언젠가 한 번쯤 들어보았을, 하지만 또 한 번쯤은 제대로 곱씹어 보아야 할 이야기다.

## '대화'라는 이름의 풍선

풍선을 불려면 먼저 폐에 공기를 가득 들이마셔야 한다. '대화'라는 이름의 풍선도 다르지 않다.

대화의 풍선이 보기 좋게 부풀어 오르도록 하려면 풍선에 불어넣을 공기를 충분히 확보해야 한다. 여기서 공기를 들이마시는 것은, 상대방의 이야기를 끝까지 들어주는 행위에 해당한다. 그 사람의 말을 있는 그대로 듣는 동안 나의 가슴 안에는 풍선에 불어넣을 공기가 서서히 차오른다. 그러고 나면 자연스러운 타이밍이 되었을 때 적절한 질문도 던지고 맞장구도 치면서 대화의 풍선을 키워나갈 수 있다.

아래의 행동은 기껏 키운 풍선을 펑 터뜨리는 결과를 낳을 수 있으니 주의하자.

- 상대의 말을 듣지 않고 자기가 하고 싶은 말만 한다.
- 상대가 무슨 말을 하든 부정하고 비판한다.
- 상대의 말에 일일이 맞서려고 든다.
- 상대가 무슨 말을 하면 곧바로 잘난 체하며 설교를 시작한다.
- 상대가 한창 말하고 있는데 급하게 이야기를 끝내려고 한다.
- 자신이 질문을 해놓고 대답을 듣지 않는다.
- 맞장구나 반응을 잘 하지 않는다.

기본은 상대의 말을 방해하지 않고 '끝까지' 듣는 것이다. 실제로 해보면 알겠지만, 생각만큼 쉬운 일이 아니다. 그 사람의 이야기가 다 끝나기 전까지 내 생각을 꺼내고 싶고, 아는 척을 하고 싶고, '그건 아니다'라고 정리해주고 싶은 순간이 아마도 여러 번 찾아올 것이다. 어떤 판단이나 평가의 시선도 섞지 않고 있는 그대로, 진지한 자세로 들을 수 있다면 일단 합격이다.

### 황금 알을 낳는 '경청'

"정말 그렇네요. 많이 배웠습니다."

"아하, 그러니까 ~란 말씀이군요."

"그 이야기를 조금 더 자세히 해주시겠습니까?"

"좋은 조언을 해주셔서 도움이 되었습니다."

현명한 사람은 누구와 어떤 이야기를 나누더라도 절묘한 맞장구와 추임새로 편안하고 유쾌한 분위기를 만든다. 이럴 때 상대방은 자신이 알고 있는 정보를 아낌없이 쏟아놓는다. 이처럼 남에게서 직접 들은 정보는 '살아 있는 정보'인 경우가 많다. 때로는 이런 정보가 중요한 성과를 거두는 데 결정적인 힌트 역할을 하기도 하며, 꽉 막혀 있던 문제의 실마리가 되기도 한다.

예컨대 어떤 동료에게서 "저 부장은 기획서가 한 장을 넘어가면 절대로 읽지 않아"라는 말을 들었다고 해보자. 이 말을 기억하고 있으면 기획서를 작성하는 데 들이는 수고와 시간을 절약할 수 있다. 어떤 모임에서 알게 된 누군가가 "○○동 중에서도 ○○역 근처는 정말로 살기 편해요"라고 말한 것을 새겨들었다면, 다음에 그 지역으로 이사를 가거나 부동산 투자를 하게 될 때 큰 도움이 될 것이다.

이런 정보는 말한 이의 경험이 녹아 있는, 그야말로 살아 있는 정보다. 잘 모르는 상태에서 직접 부닥치고 혼자 헤쳐나갈 때보다 시야가 몇 배로 넓어진다.

# 악용 금지! 어떤 말도
# 술술 털어놓게 만드는 경청의 기술

## 말할 맛이 나는 '맞장구'

"저는 지금 당신의 이야기를 귀 기울여 듣고 있습니다"라고 표현할 수 있는 한 가지 좋은 방법이 바로 맞장구다. 맞장구의 효과는 실로 놀랍다.

"혹시 미래에 꿈이 있으세요?"
"가능하다면 파리에서 한 1년 정도 살아보고 싶습니다."
("아, 네~"라고 맞장구를 치면서) "정말 근사한 꿈이네요. 그런데 왜 꼭 파리예요?"
"그림 감상이 취미여서 파리에 있는 미술관이나 개인 전람회를 돌아보고 싶거든요."
(고개를 크게 끄덕이면서) "예술적인 소양이 깊으신가 봐요."
"아이고, 아닙니다. 작품이 좋은지 어떤지는 저도 잘 모릅니다. 미술 이론은 잘 모르지만, 그림을 보고 있으면 그냥 마음이 편하고 행복해지더라고요."

"아, 네~" 하고 맞장구를 쳐주는 상대방 앞에서 말하는 이의 입꼬리가 기분 좋게 올라가는 모습이 그려진다. 보통 사람들이 '네에.' 하고 한 번 정도 짧게 맞장구를 친다면, 남의 이야기를 잘 들어주는 사람은 몸까지 기울여가며 두세 번씩 맞장구를 치는 경향이 있다.

만약 복잡하거나 심각한 이야기라면 천천히 낮은 음으로 맞장구를 쳐주자. 상대방이 이야기를 꺼내기가 쉬워진다.

### '추임새'는 입술을 춤추게 한다

"아이고, 제가 별 얘기를 다 하네요. 제 얘기를 너무 잘 들어주셔서 그런가 봐요."

이런 말을 자주 듣는 사람들의 특징은 '추임새'를 기막히게 활용한다는 것이다. '네~' 하는 단순한 호응 외에도 대화 중에 사용할 수 있는 추임새는 무궁무진하다.

"어머", "그래요?", "그래서요?", "저런~", "아, 그렇군요",
"정말로?", "와, 말도 안 돼", "그거 괜찮다", "아니 세상에,
어떻게 그런 일이 다 있어?", "그건 그렇지", "예, 맞습니다",
"대단하시네요", "어쩐지~", "그래서 어떻게 됐대?", "우와,
진짜 신기한데?"

이렇게 추임새를 적절히 사용하면 상대방은 '내 이야기가 정말 흥미로운가 보구나.' 싶어 대화에 한층 몰입하게 된다.

## 슬쩍 던지는 '질문'이 분위기를 달군다

"나 어제 태어나서 처음으로 로또 샀다."

지인이 이렇게 말을 걸어왔다. 당신이라면 어떻게 반응할 것인가?

"처음으로? 무슨 계획이라도 생겼어? 갑자기 로또를 다
사게…….."

"이야~ 잔뜩 기대하고 있겠네? 얼마치 샀어?"

"오, 혹시 '초심자의 행운'이라는 말 들어봤어? 처음이라면 뭔가
될 것도 같은데?"

"웬일이야? 당첨되면 뭘 하고 싶은데?"

상대방이 무언가를 자랑하고 싶어 하거나 뿌듯해할 때는 관련된
질문을 슬쩍 던져보자. 질문들이 기폭제가 되어 분위기가 자연
스럽게 달아오를 것이다.

## 맞장구, 앵무새에게 배우라

### 경계심을 허무는 앵무새 화법

'앵무새 화법'이란 이름 그대로 상대방이 한 말을 그대로 반복해
서 돌려주는 대화법이다.

"이번 연휴에 어디 다녀오셨어요?"

"아내와 제주도에 갔다 왔습니다."

"제주도에 다녀오셨어요?"

"네, 제주도가 봄에 유독 좋다고 해서요. 둘레길을 걸어본 건 이번이 처음이었습니다."

"둘레길에 처음 가보셨군요."

이런 식으로 상대방의 말을 반복하는 것이다. 방법은 간단하지만, 상대방은 '이 사람이 내 이야기를 잘 듣고 있구나'라고 느끼게 된다.

필자도 업무상 인터뷰를 할 때면 이 앵무새 화법을 자주 쓴다. 그저 "네에", "그렇군요"라고만 맞장구를 칠 때보다 '지금 당신의 이야기에 집중하고 있습니다. 이해가 잘 됩니다'라는 느낌을 분명히 전달할 수 있기 때문이다. 그러면 인터뷰 대상도 경계심을 쉽게 허물고 자신의 이야기를 적극적으로 꺼내 보인다.

### '별말씀을요'가 '별로인 말씀'인 이유

누군가에게서 "감사합니다"라는 인사를 받을 때 가장 흔한 답인사는 "아닙니다, 별말씀을요"일 것이다. 겸손의 표현이긴 하지만 "아닙니다"라는 대답에는 상대의 마음을 돌려세운다는 '부정'의 의미가 담겨 있다.

여기에 앵무새 화법을 적용하면 '긍정'의 의미를 전달하여 한층 부드러운 분위기를 만들 수 있다. 똑같은 상황에서 "저야말로 감사드립니다"라고 말해보자. 습관적으로 사용하는 '별말씀을요' 보다 더 기분 좋은 여운을 남길 것이다.

상대방이 부정적인 말을 내뱉었을 때도 앵무새 화법은 효력을 발휘한다. "아이고~ 허리야", "휴우, 힘드네……." 하고 누군가가 탄식했을 때 "에이, 엄살은~", "뭐가 그렇게 만날 힘드냐." 하고 반박하면 대화를 잇고 싶은 마음을 막아버리고 만다. 그럴 때는 "허리 아파?", "힘들구나"처럼 앵무새 화법을 사용해보자. 자신의 말을 되돌려주면 누구든 '이 사람이 내 아픔을 알아주는구나.' 하고 위안을 받는다.


## 지루한 화제에 즐겁게 대처하기

### '골프 바보'가 '골프 천재'를 만났을 때

사람은 취향도, 성격도 제각각이다. 아무리 경청이 중요하다지만 때로는 상대의 이야기에 그리 흥미를 느끼지 못할 수 있다.

누군가가 "제가 요즘 골프에 빠졌습니다"라고 말문을 열었다고 해보자. 당신은 골프를 해본 적도 없고, 아는 것도 별로 없다. 그렇다고 상대방이 기껏 꺼낸 화제를 무시할 수도 없는 노릇이다.

이런 경우, 어떻게 하면 좋을까?

이럴 때 군이 골프 상식이나 경험을 동원하지 않아도 충분히 즐거운 대화를 할 수 있는 방법이 있다. 골프를 매개로 하되, 일반적인 이야기로 방향을 살짝 트는 것이다. 이를테면 '상대방의 성향을 가늠할 수 있는 질문', 혹은 '문외한, 초보자의 입장에서 궁금한 것들'을 물을 수 있다.

**상대방의 성향을 가늠할 수 있는 질문의 예**

"어떤 이유로 골프를 시작하셨습니까?"

"골프를 칠 때는 어떤 순간이 가장 재미있으세요?"

**초보자 입장에서 묻고 싶은 질문의 예**

"저처럼 운동 신경 없는 사람도 골프를 칠 수 있을까요?"

"골프를 처음 시작하면 경비가 어느 정도 들까요?"

상대방에게 맞추려고 잘 알지도 못하면서 "어느 정도 치십니까?" 하고 물으면 "최근에 드디어 100타를 깼습니다" 같은 답이 돌아와서 대화가 자칫 전문적인 내용으로 흐를 수 있다. 그렇지 않아도 할 말이 없는데 대꾸하기가 점점 더 힘들어진다. 내가 편안한 질문을 던져야 상대방도 내 눈높이에 맞추어 자연스럽게 대화를 이어나갈 수 있다.

## 하품 나오는 주제도 재미있어지는 비법

이런저런 시도를 했는데도 화제 자체에 도저히 흥미를 느낄 수 없는 경우도 있다. 상대방의 말이 빨리 끝나기만 기다리는 상황이라면, 그 사람도 나도 아닌 '다른 누군가를 위해' 이야기를 듣는다고 생각해보자.

나는 '낚시' 생각만 해도 하품이 나오는 사람인데 맞은편에서는 '갯바위 낚시' 이야기를 신나서 하고 있다. 그런데 생각해보니 주변에 낚시가 취미인 지인이 한 명 있다. 그 사람에게 지금 이 이야기를 전해주면 눈이 번쩍 뜨일 것 같다. 그렇게 생각하고 나니 긴꼬리 벵에돔이나 감성돔 이야기도 잘 기억해두기 위해 귀 기울여 듣게 된다.

**"내가 얼마 전에 누굴 만났는데 갯바위 낚시를 그렇게 좋아한대. 최근에 엄청 큰 감성돔을 잡았다던데?"**

이 말을 전하기 위해 지금 이야기를 잘 들어두는 것이다.

"마침 잘 됐네! 안 그래도 같이 갯바위 낚시할 사람이 있었으면 했는데. 언제 한번 자리 좀 마련해줘." 하는 식으로 상황이 흘러갈지도 모른다.

실제로 나는 이 사람과 저 사람이 잘 맞겠다 싶으면 종종 만남을 주선한다. 취미나 성향이 같은 두 사람에게서 감사 인사를 받으면 뿌듯하기도 할뿐더러, 그 만남이 계기가 되어 나 역시 다른 누군가를 소개받기도 한다.

무엇보다도 내가 아닌 다른 누군가를 위해서 이야기를 들을 때는 한마디라도 놓치지 않으려 노력하는 태도가 저절로 풍겨 나온다. 이럴 때 상대방의 표정을 보면, 나를 향한 호감도가 놀랄 정도로 쑥쑥 높아지는 것을 피부로 느낄 수 있다.

'지금 딱 떠오르는 사람'이 없어도 좋다. '아직 만나지 않은 누군가'를 위해 이야기를 듣는다고 생각하면 어떨까? 헛된 만남이나 헛된 대화는 없어질 것이다.

## 대화를 망가뜨리는 최악의 한마디

"아, 뭐라고 하셨죠? 다시 말씀해주시겠어요?"

"아, 미안. 잠깐 딴 생각 하느라……."

말하는 사람을 이처럼 김새게 하는 일도 없다. 건성으로 듣는 것은 의사소통의 최대 적이다. 단 한순간이라도 '아, 이 사람은 내 얘기를 안 듣고 있구나'라고 느끼면 신뢰와 호감은 땅에 떨어지고 만다.

남의 이야기에 집중하기 어렵거나 이야기를 자주 흘려듣는 사람은 지금 이 순간이 아닌, 과거나 미래의 일에 신경을 쏟는 경향이 있다.

'회사에서 아까 그런 실수를 하지 말았어야 했는데…….'

'이따가 점심은 뭘 먹지?'

이런 소소한 잡념들이 현재를 침범하여 대화를 방해하는 것이다. 아마 당신도 누군가가 대화 중에 딴 생각을 해서 마음이 언짢았던 경험이 있을 것이다. 집중하지 못하는 태도는 금방 들통이 난다.

대화에 집중하기 어려운 사람들은 일상의 순간순간에 몰입하는 연습이 필요하다. 업무 중에는 업무만, 휴식 중에는 쉬는 데만, 누군가와 만나 대화 중이라면 그 사람에게만 집중하는 연습을 해보자. 현재가 아닌 과거나 미래의 산물이 머릿속에 느껴지는 순간, 의식적으로 밀어내는 것이다. 이런 훈련을 반복하면 상대방의 말을 건성으로 듣는 횟수가 점차 줄어들 것이다.

## 티 내지 않고 화제를 바꾸는 방법

화제를 바꿀 때 '이 이야기는 이제 그만하고 싶다.' 하는 티를 내지 않고 자연스럽게 방향을 돌리고 싶다면? 이럴 때 요긴한 한마디를 기억해두자.

"~라고 하면……."

"늘 그날이 그날이라서 영 재미가 없네요."
"요즘 일이 바빠서 여유가 없으세요?"
"아니요, 일은 한가해요. 회사에서는 일찍 끝나는데 딱히 만날 사람이 없네요. 그냥 집에 일찌감치 들어가 혼자 술이나 마시는 게 낙이죠. 드라마나 틀어놓고 앉아서 홀짝홀짝……."

"(앗, 푸념이 시작될 것 같군. 화제를 바꾸자.) 술이라고 하면, 혹시 청주도 드세요?"

"암요! 청주 좋아하죠. 그 술이 사실은 종류도 많고 맛도 다양해요."

"역시 술을 잘 아시네요. 제가 얼마 전에 우연한 기회로 '청주 시음회'에 다녀왔거든요. 청주가 다 거기서 거기겠지 했는데 의외로 다양해서 놀랐어요."

'만날 사람이 없다, 나는 왜 이런지 모르겠다.' 하는 푸념으로 대화가 흐르기 직전, '술이라고 하면'이라는 한마디로 자연스럽게 화제를 전환했다.

상대의 입에서 나온 단어를 사용해 '~라고 하면'이라고 짚어준 다음 여기에 관한 새로운 이야기를 시작하는 방법이다. 상대방에게 '일부러 화제를 바꿨다'는 불쾌감을 주지 않고도 얼마든 다른 대화를 유도할 수 있다.

이 문장에는 어떤 단어를 넣어도 잘 어울린다.

"드라마라고 하면, 요즘은 어떤 드라마를 주로 보세요?"

"운동이라고 하면, 혹시 자전거 좋아하시나요? 전에 자전거로 출근하시는 거 봤거든요."

거론하고 싶지 않은 화제를 상대방이 입에 올릴 때는 그 사람이

뱉은 말을 살짝 섞어서 '~라고 하면'이라는 문장으로 방향을 틀어보라. 서로가 즐거운 대화를 이어나갈 수 있다.

1장에서 소개한
## '경청'의 방법

- 사람은 누구나 자기 말을 경청해주길 원한다. 그래서 경청하는 사람은 언제나 호감을 얻는다.
- 경청의 달인들은 맞장구를 자주 치며, 다양한 추임새를 사용한다.
- 슬쩍 던지는 질문이 대화의 기폭제가 될 수 있다.
- '앵무새 화법'을 쓰면 진지하게 경청하고 있다는 느낌을 전할 수 있다.
- 관심 없는 화제라면, 초보자의 입장에서 일반적인 질문을 던져보자.
- "미안, 잠깐 딴 생각 하느라……" 하는 반응은 금물.
- 티 내지 않고 화제를 바꾸고 싶을 때는 '~라고 하면'이라는 말머리를 사용하자.

- 제 2 장 -

# 당신은 뜨거운 말과
# 차가운 말을
# 구분할 줄 아는가?

"모든 부정적인 말은
긍정적인 말로 바꿀 수 있다."

# 헤아리는 말은 언제나 환영받는다

## '뜨거운 말'과 '차가운 말'을 구분하라

1장에서 경청의 방법을 이야기하면서 맞장구와 추임새, 앵무새 화법을 적절히 활용하라고 설명했다. 이는 '남의 이야기를 잘 들어주는 사람'이 되는 데 큰 도움이 되는 테크닉이다. 그런데 이런 테크닉을 구사할 때 결코 잊어서는 안 될 한 가지가 있다. 바로 '감정'이 반드시 수반되어야 한다는 사실이다.

대화를 나눌 때는 상대방이 지금 기쁜지, 슬픈지, 화가 났는지, 쓸쓸한지 등, 어떤 감정을 느끼는지 살펴야 한다. 걸림이 없는 부드러운 소통을 하기 위해서는 상대방의 감정에 맞춰 반응을 해야 하기 때문이다.


예를 들어 주말 계획을 물었을 때, 사람들은 저마다 다른 답을 할 것이다.

회사 동료 박 대리는 이렇게 말한다.

"이번 주말에는 오랜만에 가족들과 놀이공원 가려고요."

김 과장은 이렇게 답한다.

"어머니가 얼마 전에 쓰러지셔서 이번 주말에는 본가에 내려가 봐야겠어요."

박 대리는 즐거운 일정을 잡아놓고 들떠 있다. 나도 덩달아 밝은 얼굴로 "재밌겠어요. 이번 주에 날씨도 좋다는데 딱이네요." 하고 대꾸해야 자연스럽다.

김 과장은 마음이 무거운 주말을 앞두고 있다. 나도 같이 염려하는 감정을 담아서 차분한 말투로 "걱정이 많으시겠군요. 그래도 곁에 있어드리면 든든한 마음에 빨리 쾌차하실 겁니다." 정도로 대답하면 무난하다. 만약 이런 상황에서 심드렁한 얼굴로 "그것 참 큰일이네요~" 하고 가볍게 말한다면 한순간에 인간성을 의심받으리라.

말투뿐 아니라 표정과 시선, 목소리의 높낮이와 크기, 말의 빠르기 등을 고려하면 상대방의 감정에 주파수를 적절히 맞출 수 있다. 아래와 같은 식이다.

"아들 녀석이 급성 맹장염에 걸려서……."

➡ (나도 걱정스러운 듯이) "많이 안 좋대요?"

"어제 볼링을 쳤는데 최고 점수를 기록했어요~"

➡ (덩달아 활기차게) "오~ 대단한데요?"

"스마트폰을 물에 빠뜨려버렸어요."

➡ (똑같이 낙담한 표정으로) "저런! 어떡해요."

"큰일이에요, 큰일!"(황급히 뛰어오는 상대방)

➡ (마찬가지로 급한 말투로) "왜요, 무슨 일인데요?"

특히 여성들은 자신의 감정을 읽어주는 사람에게 편안함과 호감을 느낀다. 상대방이 남자라면 호감이 종종 사랑으로 발전하기도 한다.

혹시 여자들에게서 무뚝뚝하다거나 무신경하다는 소리를 자주 듣는 남자라면 상대방의 감정을 읽고 거기에 맞춰 대화하도록 노력해보자. 어느 순간 여자들의 시선이 달라질 것이다.

## 상대방을 배려하는 'YOU 언어'

어디서나 환영받는 사람과 어딜 가도 왠지 겉도는 사람. 무슨 차이가 있을까?

한마디로 말하자면 '남의 기분을 얼마나 잘 헤아리느냐'가 두 사람을 가르는 결정적 요인이 된다. 환영받는 사람은 상대방의 처지나 감정을 고려해서 말을 하고, 환영받지 못하는 사람은 자기중심적인 시선에서 함부로 말을 내뱉는다.

아래의 말들을 살펴보자.

### • 위로하는 말
"괜찮으세요?", "수고 많으셨습니다", "몸은 좀 어떠세요?", "애 많이 쓰셨습니다", "어려운 점은 없으십니까?", "고민은 없니?", "몸조심해", "건강 잘 챙기십시오", "편히 쉬십시오", "많이 힘들었지?", "빠른 쾌유를 바랍니다".

## • 격려하는 말

"잘될 거야", "분명 방법이 있을 거야",

"너라면 충분히 가능할 거야", "잘할 수 있을 거야",

"같이 해봅시다", "너무 걱정하지 마", "이제 조금만 하면 돼",

"늘 응원할게", "기도하겠습니다", "열심히 해봅시다!"

## • 돕는 말

"제가 도울게요", "편하게 말씀하십시오",

"언제라도 달려갈게", "제가 도울 일이 없을까요?",

"상의할 일이 있으면 언제든 연락해",

"그럼 제가 ~을 하겠습니다", "~은 나한테 맡겨".

## • 칭찬(축복)하는 말

"대단하네요", "정말 기쁘겠다", "건강하시길 바랍니다",

"근사하다", "보기 좋아", "해냈구나!", "정말 놀랐는데?",

"감동했어", "네가 해낼 줄 알았어",

"~은 정말 ○○씨가 최고인 것 같아요", "일당백이시네요",

"나도 너한테 배워야겠다".

## • 감사하는 말

"마음 써주셔서 감사합니다", "도움이 많이 되었습니다",

"덕분에 일이 잘 풀렸습니다", "고마워, 이 은혜는 꼭 갚을게",

"다 ○○씨 덕분입니다", "너한테 부탁하길 정말 잘했다",

"너 아니었으면 큰일 날 뻔했어".

위로하는 말, 격려하는 말, 돕는 말, 칭찬(축복)하는 말, 감사하는 말.
이 말들의 공통점은 바로 '듣는 이(YOU)'에게 초점이 맞춰져 있
다는 것이다. '말하는 이'인 내가 아닌, 듣는 사람을 중심에 두어
야 비로소 나올 수 있는 말이다.

'YOU 언어'를 들어서 기분 나쁠 사람이 어디 있을까? 듣는 이를
생각해서 이야기하는 사람들 곁은 언제나 북적인다.

다만, 말과 행동이 일치하지 않으면 그냥 입에 발린 소리로 끝나
게 되므로 주의해야 한다. "저 사람은 늘 말뿐이야"라는 역효과
를 일으킬 수 있으니 언행일치를 명심하자.


## '말'에서만큼은 쉬운 사람이 되자

### 감탄하는 사람과는 누구든 대화하고 싶어 한다

다가서기 쉬운 사람, 어떤 이야기든 편하게 건네게 되는 사람이
있다. 이런 사람들은 특유의 '말 걸기 쉬운 분위기'를 풍긴다.

이런 분위기는 한순간에 만들어지는 것이 아니라, 평소 그 사람
의 말투와 반응이 차곡차곡 쌓여서 형성된다. 중요한 것은 밝고
적극적인 반응이다. 모처럼 말을 걸었는데 차가운 반응이 돌아
오거나, 별일 아니라는 듯 무시하고 돌아선다면 다시 말 걸기가
꺼려질 것이다. 그 순간의 언짢고 실망스러운 감정이 마음에 새

겨지기 때문이다.

밝고 긍정적인 반응은 '내가 이 사람에게 말을 걸면 최소한 불쾌한 경험은 하지 않겠지.' 하는 믿음을 형성한다. 그리고 이런 믿음이 쉽게 말을 걸 수 있는 분위기로 이어진다.

방법은 어렵지 않다. 예를 들어 가까운 누군가가 헤어스타일을 바꾸었다면 "오, 헤어스타일 바꾸셨어요?"라고 적극적으로 관심을 표하는 식이다.

귀뚜라미가 우는 소리가 들리면 이렇게 한마디를 보태보자. "벌써 가을이 왔나 보네요". 주문한 파르페가 나왔다면 "우와~ 생크림이 끝내주네요." 하고 기분 좋은 호들갑을 떨 수 있을 것이다.

강연을 들을 때는 강사를 바라보며 고개를 끄덕이자.
전철 안에서 아기와 눈이 마주치면 싱긋 미소를 짓자.
상쾌한 바람이 불면 "아, 기분 좋다!"라고 작게 소리 내어 말하자.

텔레비전의 예능 프로그램을 볼 때는 속으로만 피식 웃지 말고 "진짜 재밌네!" 하고 소리 내서 웃음을 퍼뜨리자. 뉴스를 시청할 때는 "어머, 저런 일이 다 있었어?" 하고 고개를 끄덕이면 좋겠다. 맛있다, 덥다, 신난다……. 이렇게 일상의 소소한 순간들, 작은 감탄의 순간에 자신의 감정을 드러내어 표현하는 연습을 하면 누군가가 말을 걸었을 때 당황하지 않고 자연스럽게, 적극적으로 대처할 수 있다.

지금 이 책을 읽는 당신, 혹시 고개를 끄덕였는가? 바로 그런 자세다!

만약 고개를 끄덕이지 않았다면 지금부터라도 작은 감정들을 겉으로 드러내는 연습을 해보라.

그렇게 다시 한 번, 고개를 끄덕여보자.


### '찌르는 말'을 '품는 말'로 바꾸는 법

"그렇게 생각하니까 항상 제자리인 거야."

이런 말을 들으면 누구나 발끈한다.

"조금 다르게 생각해볼까? 그러면 상황이 지금보다 나아질 수 있을 거야."

알고 보면 같은 내용이지만, 이런 말이라면 어떨까. 상대방은 불쾌해하는 대신 '그런가? 그래, 다르게 생각할 수도 있겠어.' 하고 잠시 생각을 환기할지도 모른다.

두 가지 말의 차이점은 '부정적인 말'을 사용했느냐 '긍정적인 말'을 사용했느냐에 있다. 시각을 조금만 달리하면 대부분의 부정적인 말을 긍정적인 말로 바꿀 수 있다.


"그렇게 생각하니까" [부정]

➡ "조금 다르게 생각해 볼까?" [긍정]

"항상 제자리인 거야." [부정]

➡ "상황이 지금보다 나아질 수 있을 거야." [긍정]

다른 예들도 살펴보자.

"넌 왜 그렇게 혼자서만 앞서서 가? 내 생각은 안 하지?" [부정]

➡ "같이 가자. 나란히 걸으면 좋겠다." [긍정]

"저 책 내용에 동의하는 건 죄다 대충대충 사는, 게을러터진
인간들뿐일 거야." [부정]

➡ "저 책 내용에 동의하는 건 아마 자유분방한 삶을 즐기는
사람들일 거야." [긍정]

"약속 시간이 30분이나 지났잖아!" [부정]

➡ "30분이 지나도록 오지 않아서 걱정했어." [긍정]

'부정 언어'를 '긍정 언어'로 바꾸는 일은 상대를 배려하는 마음
이 있어야 가능하다. 동시에, 당신이라는 그릇의 크기를 확인하
는 일이기도 하다.

# 모범 운전자처럼 대화하라

## 말의 깜빡이

대화 도중 '이 얘기는 다들 재미없어 하는 것 같은데?', '이제 슬슬 화제를 바꿔볼까?' 싶을 때가 있다. 이때는 다음과 같이 '진로 변경 사인'을 보내는 것이 예의다.

"그러고 보니~"

"지금 생각났는데……."

"그런데 말이죠……."

"맞다, 실은 말이지……."

운전에 비유하자면 이런 말들은 '깜빡이'에 해당한다. 차선을 변경할 때 깜빡이를 미리 켜지 않으면 주변의 운전자들이 깜짝 놀라거나 제대로 대처하지 못해 추돌 사고를 일으킬 수 있다.

대화에서도 똑같은 일이 벌어진다. 사전에 '이제 화제를 바꾸겠다'는 신호를 보내지 않고 갑자기 딴 이야기를 꺼내면 그때까지 이야기에 열중하던 상대방은 당혹감을 느낀다. '왜 갑자기 말을 막는 거지?' 싶어 순간 기분이 상하거나, '내 이야기가 시시했나?' 하는 생각에 주춤거릴 수도 있다. 인간관계에 금이 가는 순간이다.

그렇지 않고 "아, 그 말을 들으니 생각났는데요……." 하고 운을 띄우면 '이야기를 듣다가 마침 생각났다'라는 인상을 줄 수 있다.

화제 변경 사인을 보낼 때 조심할 점은 '재미없으니 다른 이야기를 합시다'라는 느낌이어서는 안 된다는 것이다. '지금까지의 이야기도 좋았지만, 이런 얘깃거리도 한번 나눠봐요'라는 분위기로 화제를 전환하자.

## '말의 차선' 양보하기

다섯 명이 함께 이야기를 나누고 있다. '여름철 패션'을 주제로 이런저런 얘기가 오가는데 유독 한 명이 대화에 끼지 못하고 있다. 이런 상황이라면 슬쩍 손을 내밀어보면 어떨까?

  "○○씨는 어떤 패션을 좋아하세요?"

  "○○씨는 주로 어디에서 옷을 사세요? 이번 여름에 유행한다는
  △△은 입어보셨어요?"

초보 운전자들에게 가장 힘든 것이 바로 옆의 차선으로 끼어들기다. 언제 들어가야 할지 몰라 주춤거리는 사람이 있다면 잠시 간격을 벌리고 공간을 내어주자.

대화에 끼어들지 못해 난감해하던 사람은 당신의 한마디 덕분에 복잡한 '말의 차선' 속으로 들어설 수 있게 된다. 또한 당신의 배려하는 모습은 함께 있던 다른 사람들에게도 긍정적인 이미지를 남길 것이다.

## 〉헤아리는 대화의 방법 〈

- 대화할 때는 상대방의 감정에 주파수를 맞추어 말투와 표정 등에 변화를 주어야 한다.

- 듣는 이를 중심에 두는 'YOU 언어'를 사용하면 상대방의 입장을 배려할 수 있다.

- 소소한 감정을 드러내어 표현하는 습관을 들이면 '말 걸기 쉬운 분위기'를 풍길 수 있다.

- 모든 부정적인 말은 긍정적인 표현으로 바꿔 말할 수 있다.

- 화제를 바꿀 때는 '말의 깜빡이'를 켜자.

- 대화에 끼어들지 못하는 사람이 있다면 '말의 차선'을 양보하자.

### 제 3 장

# 더 듣고 싶게,
# 더 묻고 싶게
# 만들라

> **스토리가 있는 말은
> 공감을 불러일으킨다.**

오늘 아침 택시를 탔는데, 나이 많은 운전기사 분이 노안이 왔는지 내비게이션을 잘못 읽는 게 아니겠습니까. 반대쪽 도로를 타고 하염없이 한강 다리를 건너는데 기사 분과 너무 닮은, 돌아가신 우리 할아버지 생각에 잠시 먹먹하더군요. 문득 정신을 차려 보니 어느새 시간이 이렇게…….

그게 지각 사유인가?

그럴듯,, 한데,,?

## '더 듣고 싶은 이야기'는
## 이렇게 다르다

### 스토리가 있는 이야기는 달콤하다

A와 B는 같은 빵집에서 파는 슈크림빵을 사 먹었다. 그리고 각자의 소감을 당신에게 털어놓는다. 만약 두 사람이 먹은 것이 똑같은 슈크림빵이라는 사실을 모른다면, 당신은 어느 쪽을 선택할 것 같은가?

A의 소감

"어제 서교동에 있는 오래된 빵집에서 슈크림방을 사 먹었어. 가격이 1,500원이라 다른 가게랑 큰 차이는 없고, 모양도 특이하진 않아. 그런데 달지 않아서 진짜 맛있더라. 또 생각 나."

B의 소감

"어제 서교동에 있는 오래된 빵집에서 슈크림방을 사 먹었어. 예전에 이 가게 주인이 프랑스에서 어떤 슈크림방을 먹고 엄청 감동받았다나 봐. 그래서 그 맛을 똑같이 재현하려고 5년이나 연구한 끝에 완성한 거래. 슈크림의 미묘한 단맛이 입안에 짝 퍼지는데, 뭔가 감동적이더라."

필자도 그렇지만, 아마 다들 B의 슈크림빵을 선택하지 않을까?
B의 이야기를 듣고 나면 이 슈크림빵에 대해 궁금한 것들이 생긴다. 크림 맛이 구체적으로 어떤지, 가게는 어떻게 생겼는지 물어보고 싶다. B의 이야기에는 사람을 끌어당기는 매력이 있다.
A의 이야기에는 없고, B의 이야기에는 있는 한 가지가 바로 '스토리'다. A의 말에는 단편적인 '정보'만이 들어 있다. 가격이 다른 곳과 비슷하다, 모양도 특이하지 않다, 달지 않다, 맛있다. 뭔가 궁금증이 피어오를 만한 틈이 없다.
이에 비해 B의 말에는 '빵집 주인이 프랑스 본고장에서 먹고 감동한 슈크림빵의 맛을 5년에 걸쳐 완성했다'라는 스토리가 담겨 있다. 사람의 뇌는 이런 스토리를 들으면 자동으로 그 스토리를 시각화한다. 성실한 파티시에의 모습을 저절로 상상하기 시작하는 것이다. 아마 당신의 머릿속에도 흰색 조리사복을 입고 고운 밀가루를 치대는 파티시에의 모습이 떠올랐으리라.
말하는 사람이나 그 스토리에 등장하는 인물이 어떤 이유 때문에 그렇게 행동했는지 상상하면 감정을 이입하게 되고 공감하기도 한층 쉬워진다. 마치 자신의 일인 양 흥미를 느끼게 되는 것이다.
어린아이에게 거짓말이 나쁘다는 걸 알려주려면 단순히 "거짓말을 하면 절대로 안 돼"라고 강조하기보다 이솝 우화의 '양치기 소년' 이야기를 들려주는 편이 훨씬 효과적이다.

대화도 마찬가지다. "어제 저녁 메뉴로 카레를 만들었어요"라고
사실만 전달하는 것보다 "제가 어릴 때 엄마가 만들어주신 카레
를 정말 좋아했거든요. 어제 기분이 좀 우울해서 엄마 표 카레를
흉내 내봤어요"라는 식으로 말에 구체적인 스토리를 입혀보자.
이렇게 되면 단순히 '저녁 메뉴'를 주고받는 것을 넘어, '엄마의
음식이 그리운 날'이라는 스토리가 만들어진다. 또한 듣는 사람
입장에서도 "엄마가 요리 솜씨가 좋으셨나 봐요. 엄마 표 카레에
는 어떤 재료가 들어가나요?" 하는 식으로 대화를 이어나가기가
수월해진다.

### 유머 감각이 없다고? OOOI 없는 거겠지!

"그 집 삼겹살, 최고로 맛있어요. 꼭 드셔보세요."
"정말 맛있겠네요! (자신의 배를 가리키며) 이것도 만만치 않지만,
함부로 꺼낼 수는 없으니까 일단 그 삼겹살을 먹어봐야겠어요."

삼겹살과 자신의 뱃살을 엮어서, 방심하던 사람들이 '풉' 하고 웃
음을 뿜게 만들었다.
유머는 인간관계의 윤활유다. 유머를 섞어서 이야기하면 건조하
던 분위기가 부드러워지고, 대화에 생기가 돈다.
'유머도 유머 감각이 있어야 하지, 하고 싶다고 아무나 하나?'
이렇게 생각하는 사람들에게 하고 싶은 말이 있다.

"당신에게 없는 것은 유머 감각이 아니라 용기다!"

코미디언들이 어디 날마다 웃기던가? 이런 사람들도 분위기를 썰렁하게 만들 때가 숱하다. 그러니 걱정은 넣어두자. 우리는 전문가가 아니니 세 번 중 한 번만 성공해도 충분하다. 설령 시도했던 유머가 실패로 끝나더라도 "어? 갑자기 추워지네. 다음번에 다시 도전해야지." 하고 수습하면 그만이다.

일단은 용기를 내서 유머의 기술을 자꾸 시험해보자. 일상의 대화 속에서 부담 없이 사용할 수 있는 한 가지 기술은 '비유하기'다. 같은 말이라도 다양한 대상에 적절하게 빗대어 표현하면 한층 재치 있게 느껴진다.

예컨대 "평소에 많이 드시는 편이세요?"라는 질문을 받았다면 "이틀 굶은 씨름 선수처럼 먹습니다"라고 답하는 식이다.

씨름 선수가 정말로 이틀을 굶으면 얼마나 먹는가는 중요하지 않다. 이 정도 허풍은 상대방이 마음 문턱을 낮추도록 만드는 유쾌한 애교다.

"애들 키우는 게 쉽지 않죠?"라는 일상적인 질문에 "그렇네요. 중년이라는 나이가 원래 힘든 건가 봐요"라고 받아친다면 분위기가 무거워진다. 뭔가 진지한 인생 상담이라도 해야 할 것만 같다. 하지만 비슷한 내용이라도 "둘리의 고길동 아저씨가 된 기분입니다"라고 비유한다면 말을 받는 사람이 편안해진다. 피식 웃음이 나면서 부담 없이 대화를 이어나갈 수 있다.

친구가 "다음 주에 꼭 시간 내. 알았지?"라고 한다면 애인이 없더라도 "응, 알았어. 내가 데이트를 포기하고서라도 시간 비워둘게!"라고 말해보자.

여자친구가 "책장 맨 윗칸에 저 책 좀 꺼내줄래?" 하고 부탁한다면 "이제 보니 내 신체 조건을 이용하는 게 날 사귄 목적이었어." 하고 대구하면 어떨까.

TPO(time, place, occasion. 때와 장소와 경우)에 맞춰서 아무렇지도 않은 듯 유머를 끼워 넣으면 '재미있고 머리 회전이 빠른 사람', '유쾌한 사람'이라는 인상을 남길 수 있다.

## '무용담'보다는 '실수담'을

"어제 막차를 타고 가다가 깜빡 잠이 들었어요. 깜짝 놀라서
일어났는데 이미 종점이더라고요. 택시비도 없어서 태어나
처음으로 히치하이크를 했네요. 우리 집 방향으로 가는 차를
만나게 해달라고 어찌나 빌었던지."

"장례식장에서 제가 일행을 대표해서 향을 꽂았는데 뒤로
물러서다가 그만 술잔을 엎고 말았지 뭡니까? 그걸 줍겠다고
황급히 허리를 굽혔는데, 이건 무슨 시트콤도 아니고 방귀가

'삐익~' 하고 나오더라고요. 거기 있던 사람들이 다 우는 건지 웃는 건지……. 얼굴이 빨개져서 혼났습니다."

남의 자랑이나 무용담은 듣기 힘들어도 이런 식의 실수담은 언제든 환영이다. 함께 모인 사람들 분위기가 한순간에 밝고 유쾌해진다. 여기에서 포인트는 심각한 실수담이 아닌, 한차례 웃고 넘길 수 있는 '가벼운 실수담'이어야 한다는 점이다.

그리고 또 한 가지, 약간의 서비스 정신이 필요하다. 내가 실수했거나 웃음거리가 되었던 경험을 꺼낸다는 건 나의 부족한 면, 부끄러운 기억을 들추는 행위여서 처음에는 머뭇거리게 될 수 있다. 하지만 그런 실수담을 나눴을 때 사람들 사이의 긴장감이나 어색함이 풀어지는 쾌감을 맛보면 그 다음부터는 저항감이 사라진다. 게다가 내가 먼저 얘기를 꺼내면 너도나도 "나도 비슷한 일 있었어요", "나는 어땠는 줄 알아요?" 하면서 자신의 경험을 풀어놓는다. 사람 사이의 거리가 훌쩍 가까워지는 순간이다.

일에서 완벽주의자인 사람, 팀을 이끄는 위치에 있는 사람, 재능이나 외모가 특출한 사람 등은 어쩐지 남들과는 다를 것 같다. 이런 사람들이 아무렇지도 않게 실수담을 꺼내면 '갭 차이'가 도드라져 효과가 특히 크다.

## 우리는 꿈을 향해 달리는 사람에게 매료된다

학교를 졸업한 후, 자신의 꿈을 남에게 말해본 적 있는가?
만약 대답이 '아니요'라면 이제부터는 좀 달라질 필요가 있다.

"요즘 따로 배우는 게 있으세요?"
"2년 가까이 영어회화 학원에 다니고 있어요."
"네~ 혹시 해외여행 가시려고요?"
"아, 아니요. 3년 안에 뉴욕에 가서 화랑을 시작해보려고요.
영어회화는 그걸 위한 준비 과정입니다."
"뉴욕에서 화랑을요? 큰 계획을 가지고 계시네요."
"현대 작가들 중에 재능은 있는데 빛을 보지 못하는 경우가
많거든요. 뉴욕에서 그런 작가들의 작품을 판매하고 싶어요."
"정말 멋진 꿈이네요."

꿈에는 그 사람의 가치관이나 인생관이 투영된다. 그래서 꿈은
한 사람의 인품을 표현하기 좋은 소재다. 또한 꿈을 이루고 싶다
는 뜨거운 열정은 겉으로 드러났을 때 주변 사람들에게로 번져
나간다. 그래서 응원하고 도와주려는 사람들이 나타난다.
"제 동생이 뉴욕에서 예술 분야와 관련된 일을 하고 있어요.
다음번에 자리를 한번 만들어볼까요?"
"뉴욕 생활에 관해서는 뭐든 물어보세요. 작년까지 뉴욕에서

살다 왔어요."

"제가 실력 있는 원어민 영어 선생님을 알고 있어요. 혹시 개인

수업을 원하면 연락 주세요."

이렇게 그 사람의 꿈을 돕고자 하는 이들이 늘어나면 혼자 노력
할 때보다 훨씬 더 빨리 그 꿈에 다가설 수 있다. 정말로 원하는
꿈이 있다면 주변에 널리 퍼뜨리는 것이 실현 가능성을 높이는
지름길이다. 무엇보다 꿈은, 내가 어떤 사람인지를 효과적으로
드러내고 상대방에게도 새로운 생각거리를 던져주는, 상당히 매
력적인 대화 소재다.


## 여러 사람을 동시에
## 수다쟁이로 만드는 법


### 상상력을 자극하는 '만약에' 화법

"만약 다시 태어난다면 어떤 일을 하고 싶으세요?"

"만약 한 가지 소원을 이룰 수 있다면 어떤 소원을 말할

건가요?"

"만약 학자가 된다면 어떤 분야를 다뤄보고 싶으세요?"


누군가의 내면을 슬쩍 엿보려면 '만약에'로 시작하는 질문이 제

격이다. 현실과는 닿아 있지 않은 이런 질문들은 상상력을 자극하여 대화를 풍성하게 만드는 데 톡톡한 감초 역할을 한다.

**"만약 딱 한 달 동안 휴가를 누릴 수 있다면 뭘 하실래요?"**

한번 생각해보라. 당신이라면 아무 조건 없이 주어지는 한 달의 휴가를 어떻게 보낼 것인가?

**"배낭을 짊어지고 실크로드로 여행을 가보고 싶네요",**

**"하와이에서 서핑을 실컷 하는 거죠", "고향에 간 지 오래됐어요.**

**부모님과 지내고 싶습니다", "책을 산더미처럼 쌓아놓고 하루**

**종일 뒹굴뒹굴하면서 읽을래요".**

저마다 다양한 답을 생각해내면서 눈빛이 반짝일 것이다. 그리고 이들이 내놓는 대답에는 평소에 잘 볼 수 없던 그 사람의 일면이 드러난다. 조용하고 소극적인 사람이 누구보다 정열적인 속마음을 슬쩍 들춰 보일 수도 있고, 늘 생각 없이 놀기만 하는 것 같던 사람에게 의외로 견실한 목표가 있음을 알게 될지도 모른다.

그저 가벼운 대화 소재 같지만, '만약에'로 시작하는 질문은 때로 한 사람의 성격이나 가치관을 가늠하는 수단이 된다. 업무적으로나 사적으로 파트너와 호흡을 맞출 때도 한 번쯤 이런 질문을 시도해보면 좋을 것이다.

'만약'이 들어가는 질문을 자연스럽게 던지는 팁은, 최신 뉴스나 주변의 화젯거리를 섞는 것이다. 이를테면 "저번 주에 로또 당첨자가 나오지 않아서 이번 주 당첨금이 엄청 클 거래요. ○○씨가 당첨되면 뭘 하시겠어요?" 하는 식이다.

혹은 자신의 생각을 먼저 밝혀서 운을 띄우는 방법도 있다.

**"아이들은 방학이 있어서 좋겠어요. 회사도 한 달 동안 방학을 하면 참 좋을 텐데……. 저라면 한 달 내내 요리 강습을 바짝 받겠어요. 한식, 중식, 양식을 다 마스터하는 거예요. ○○씨라면 뭘 하실래요?"**

이렇게 대화 분위기를 조성하면 그리 가깝지 않은 사이일지라도 마음을 쉽게 열 수 있다. 특히 공통의 관심사가 분명치 않은 회식 자리 등에서는 이런 질문이 분위기를 달아오르게 한다.

## 분위기가 다운되었을 때는 '정답 없는 질문'을 던져라

여럿이서 대화를 나눌 때 십중팔구 분위기를 띄울 수 있는 방법이 있다. 바로 '정답이 없는 질문'을 던지면 된다. '정답 없는 질문'이란 다시 말해 '머리를 쓰게 하는 질문'이다. '후지산을 옮기려면 어떻게 해야 할까?' 같은 질문을 예로 들 수 있다. 이것은 실제로 마이크로소프트사의 채용 면접시험에 나왔던 문제다.

여럿이 밍숭맹숭하게 핸드폰만 들여다보고 있다면 이런 질문을 툭 꺼내보자. 누군가가 "그걸 어떻게 하지? 질문이 너무 어렵네." 하고 말을 시작하면 그때부터 다양한 의견들이 쏟아져 나올 것이다.

"아, 이렇게 하면 되지."

"그건 ~해서 안 될걸."

"그럼 이 방법은 어때."

실제로 산을 옮기는 방법을 고민하는 사람, 산이 움직인 것처럼 보이는 트릭을 생각하는 사람, 일찌감치 백기를 드는 사람, 질문에 트집을 잡는 사람, 남의 의견에 핀잔을 주는 사람……. 이야기는 끝이 나지 않는다.

다음과 같은 문제들도 사람들의 주의를 환기하는 데 안성맞춤이다.

"잘 들어봐. 어떤 사람이 이렇게 말했어. '나는 거짓말쟁이다. 그래서 방금 거짓말을 했다.' 이 사람은 거짓말쟁이일까, 거짓말쟁이가 아닐까?"

"자, 생각해보고 둘 중에 하나를 골라. 무조건 하나는 선택해야 돼. 먼저, 1년 내내 영하 10도인 나라에서 살기. 문 밖으로 나가는 순간 냉장고 같아. 또 하나는 1년 내내 섭씨 40도인 나라에서 살기. 언제나 우리나라 한여름 대구 날씨야. 어떤 게 낫겠어?"

"만약에 이직을 한다면, 다음 두 회사 중에 어디를 선택할 거

같아? 첫 번째 회사는 연봉을 2,000만 원 인상해준대. 그리고 두 번째 회사는 연봉은 현재 수준과 비슷한 대신, 1년에 무조건 유급 휴가를 두 달 줘. 어디를 고를래?"

"<돼지가 있는 교실>이라는 영화 혹시 아세요? 초등학교 6학년 교실 이야기예요. 어느 날 담임선생님이 다 크면 잡아먹자며 새끼 돼지를 한 마리 가져왔어요. 아이들은 처음에 놀랐지만 금방 정이 들어서 이름도 붙여주고 1년 동안 이 돼지를 정성껏 돌봤죠. 이제 돼지가 성장해서 잡아먹을 시기가 왔습니다. 아이들은 이 돼지를 잡아먹느냐 마느냐로 토론을 벌여요. 자, 여러분이라면 어떻게 하시겠습니까?"

이런 대화 소재는 모임의 성격이나 장소에 상관없이 언제든 사용할 수 있다. 책이나 인터넷을 통해 이런 질문거리들을 찾아두면 분위기가 가라앉았을 때 불쏘시개로 유용하게 쓸 수 있다. 여러 사람을 하나로 끌어모을 수 있는 흥미로운 질문들을 잘 기억해두자.

## 3장에서 소개한
### 〉대화로 사람을 끌어당기는 방법 〈

- 인간의 뇌는 스토리를 시각화한다. 따라서 말에 스토리를 입히면 감정 이입이 쉬워지고 인상에 오래 남는다.

- 유머 감각을 키우고 싶다면 적절한 비유법을 사용해보자.

- 사소한 실수담은 친근감을 높인다.

- 이루고 싶은 꿈과 목표를 언급하면 대화에 좋은 자극이 된다.

- 여럿이 모인 자리에서 '만약에'로 시작하는 질문을 던지면 분위기가 활발해진다.

- '정답이 없는 질문'은 오랜 시간 이야기 나누기에 좋은 소재다.

〜 제 4 장 〜

# '빈말' 대신
# '실속 있는 칭찬'을

**"** 의외의 칭찬은
감동을 배가시킨다. **"**

## 상대방을 '특별한 사람'으로 만드는
## 칭찬의 방법

### '거절할 수 없는 제안'이란 바로 이런 것

'너밖에 없다', '너뿐이야'. '너는 특별해'.

달콤한 사랑 고백 같은 이 말들은 비단 남녀 사이뿐 아니라 세상
의 어떤 관계에서도 효력을 발휘한다. '당신은 그 누구와도 다르
다. 나는 당신을 특별하게 생각한다'는 고백은 듣는 이에게 특별
한 위상을 부여하여 아찔하게 취하게 만드는 힘이 있다.

> "이번 기획서 작성에 힘 좀 써줘. 아무리 생각해봐도 자네밖에
> 적임자가 없어."

> "네가 고른 옷들은 뭔가 달라. 너만의 분위기가 있는 것 같아.
> 쇼핑할 때 같이 가줄래."

만약 누군가에게 이런 부탁을 받는다면 거절하지 않을 재주가
있을까? 그 사람을 위해 발 벗고 나서야겠다는 마음이 들지 않을
까? '날 이렇게까지 특별하게 생각했었나?' 하고 감동하는 사람
도 있으리라.

가까운 사람들에게 '너뿐'이라는 고백을 아끼지 말자. 뭔가를 부
탁할 때 단순히 "의견 좀 부탁드립니다"라는 말 대신 "○○씨 의
견을 꼭 듣고 싶습니다"라고 얘기하면 아마 하던 일을 놓고서라

도 부탁을 들어줄 것이다.

약속을 할 때도 마찬가지다. "그 유명한 레스토랑 한번 가볼래?" 대신 "너랑 꼭 한번 가보고 싶은 레스토랑이 있어"라고 말한다면 어떨까? 그리 좋아하는 메뉴가 아니더라도 선뜻 따라나설 것이다.

"원래 요리 거의 안 하는데, 오늘 널 위해서 한번 도전해볼게."

"이런 말은 진짜 너한테밖에 못 하겠다."

"그 영화 너랑 보려고 아껴뒀지."

사람들은 서로 가깝고 친한 사이일수록 굳이 마음을 표현하려 하지 않는다. '일일이 말하지 않아도 다 알 텐데, 뭘 낯간지럽 게…….' 하고 생각하기 때문이다. 하지만 말로 전하지 않으면 알 수 없는 것들이 세상에는 많다. 애정 표현에 서툰 사람이라면 '너 뿐'이라는 고백을 대화의 앞뒤에 자연스럽게 섞어보자. 관계의 밀도가 달라질 것이다.

## '남의 칭찬'을 전하면 효과가 증폭된다

"그러고 보니 ○○사의 사장이 자네를 칭찬하더군. 똑똑하고 눈치가 빠르다면서 '우리 회사에도 저런 유능한 인물이 필요해'라고 하더라고. 그 사장이 누굴 칭찬하는 건 아주 드문 일이야."

만약 직장 상사에게서 이런 이야기를 들었다면 어떤 기분이 들까? 회사 복도에서 혼자 폴짝 뛸 만큼 기쁘지 않을까?

인간은 누구나 칭찬받기를 좋아한다. 특히 누군가를 통해 전해 듣는 칭찬은 기쁨이 배가된다. 직접 얼굴을 맞대고 하는 칭찬은 '겉치레'일 수 있지만, 자기가 없는 자리에서 나온 칭찬은 진심이라고 믿을 수 있기 때문이다.

칭찬을 전해 들으면 칭찬을 한 당사자뿐만 아니라 그 말을 전해 준 사람에게까지 호감을 느끼게 된다. 이것이 인간의 보편적인 심리다. 그러니 누군가에게 호감을 사고 싶다면 주변에서 들리는 좋은 소문을 아낌없이 전해주자.

예를 들어, A에게서 B를 소개받아 만났다고 해보자.

> "A가 그러던데요. B씨는 사람이 시원시원해서 주변 사람들, 특히 여자들한테 인기가 많다고요."

> "A한테서 B씨의 활약상을 자주 들었습니다. 이렇게 유능한 영업사원을 소개받다니 영광입니다."

인사를 나누는 도중에 이렇게 전해 들은 이야기를 슬쩍 끼워 넣는 것이다. 아마도 B의 얼굴에 한순간 화색이 도는 것을 보게 되리라. 경계심 없이 다가서는 당신에게 호감을 느끼는 것은 물론이다. 시작부터 유쾌한 만남이니, 그 이후 진행하는 일은 일사천리로 풀릴 가능성이 크다.

'칭찬 전달하기'의 또 한 가지 이점은, 서로를 잘 아는 공통의 지인이 일종의 '보험' 역할을 한다는 것이다. 서로를 연결해주고 칭찬까지 공유하는 사람의 얼굴을 생각해서라도 예의를 갖추고 일처리에 더 꼼꼼히 신경을 쓰게 된다.


## 큰 감동을 주는 뜻밖의 칭찬

### 누구나 '낯선 나'의 이야기를 듣고 싶어 한다

"미영 씨, 지난번 회식 때 미영 씨한테 좀 놀랐어."

"네? 무슨 말씀이세요?"

"누군가 술잔이 빈다 싶으면 절묘한 타이밍에 '한잔 더 하실래요?' 하고 묻더라고. 다들 자기 잔 비우고 안주 먹기 바쁜데 어떻게 매번 그렇게 사람들 술잔을 챙겨줘? 나도 좀 배워야겠다 싶었어."

"아이고, 아니에요. 제가 오지랖이 넓어서 그래요. 이것도 심하면 병인 것 같아서 저는 고치고 싶은 단점인걸요."

"에이, 무슨 소리야. 남을 배려하는 그 모습이 미영 씨의 얼마나 큰 장점인데. 본인은 잘 모르겠지만, 회식 자리에 미영 씨가 있을 때랑 없을 때가 달라. 미영 씨가 있으면 뭔가 훈훈하다니까."

"그래요(웃음)? 좋게 봐주셔서 정말 감사해요."

남에게서 '나의 의외의 일면'을 들을 때면 마음이 설렌다. 그래서 그런 이야기가 나오면 더 자세히 듣고 싶어 몸을 앞으로 쭉 빼고 귀를 기울인다.

위의 사례에서 미영 씨는 '아니에요'라며 겸손해하면서도 기쁜 마음을 숨기지 못한다. 스스로도 장점이라고 생각하지 못했던 부분을 칭찬받고는 한껏 고무되었다. 앞으로 미영 씨는 별 의미 없던 회식자리가 조금은 더 즐겁게 느껴질지 모른다.

## 뜻밖의 장점에 주목하라

상대방을 칭찬할 때는 그 사람도 당연하다고 여기는 장점이 아니라 '나한테 그런 면이 있다고?', '그런 부분도 칭찬거리가 되는구나.' 싶은 측면을 건드리는 편이 효과적이다.

나 역시 인터뷰를 할 때면 일부러라도 그런 칭찬을 하려고 노력한다. 입에 발린 칭찬을 들을 때는 그저 "감사합니다"라고 넘어가던 사람들도 의외의 칭찬을 들으면 한순간 눈빛이 살아나면서 인터뷰에 훨씬 적극적으로 참여하곤 한다.

"○○씨 목소리는 아주 알아듣기가 쉽네요."

"말씀을 쭉 들어보니 ○○씨는 노력하는 천재시군요."

"믿고 맡겨야 한다는 신념을 실천하기 때문에 직원들의 존경을 받으시나 봅니다."

뜻밖의 장점을 발견하려면 평소 그 사람에게 관심을 가지고서 뭘 열심히 하는지, 어떤 것에 의미를 두는지 주목하면 도움이 된다. 덧붙이자면, 이 '칭찬 대화'는 낙담하여 자신감을 잃은 사람을 격려하는 데도 효과가 그만이다.

## '빈말'과 '진짜 칭찬'의 차이

좋다, 멋있다, 귀엽다, 마음에 든다…….

누군가의 생김새, 복장, 말투, 행동, 성격 등을 칭찬할 때 두루 쓸 수 있는 편리한 표현들이다. 하지만 편리한 만큼 영혼 없는 빈말 같아 마음을 울리기에는 부족한 측면이 있다. 만약 칭찬받는 것에 익숙한 사람이라면 이 정도 말로는 아무런 감흥을 줄 수 없다. 이왕 칭찬을 하려면 상대방이 두고두고 떠올릴 만큼 깊은 인상을 남겨보자. 흔한 칭찬과 차별화하려면 구체적으로 어떤 부분이 어떻게 좋은지를, 자기만의 표현을 써서 자세히 전달해야 한다.

"승규 씨는 걷는 자세가 참 보기 좋아요."

"그래요?"

"네, 뭔가 근사해요. 시선을 멀리 두고서 가슴을 쭉 펴고 걷잖아요. 게다가 웃는 인상이셔서 꼭 연예인을 보는 것 같아요. 걷는 법을 따로 배우기라도 하셨습니까?"

"예전에 워킹 수업을 받으러 학원에 다닌 적이 있어요. 걷는 자세가 생활 태도와도 연관이 된다고 하더라고요."

"오, 자기관리에 그렇게 투자를 하다니, 부럽네요. 걸음걸이를
교정하는 비법을 저도 좀 배울 수 있을까요? 제가 팔자걸음
이어서 콤플렉스가 있거든요."

어떤 부분을 왜 칭찬하는지 구체적인 이유를 많이 들수록 상대
방은 그 칭찬을 그냥 하는 빈말이라 여기지 않는다. 칭찬에 으쓱
해진 상대방과 나누는 대화는 활기를 띨 수밖에 없다.

4장에서 소개한

## 상대를 높여주는 대화법

- '너밖에 없다'라는 말은 상대방에게 특별한 위상을 부여하여 감동하게
  만든다.
- '제3자의 칭찬'을 전해주면 칭찬의 효과가 증폭된다.
- '의외의 일면'을 높이 평가하면 누구나 귀가 솔깃해진다.
- 어떤 부분이 어떻게 좋은지 구체적으로 칭찬하면 상대방의 마음을 울릴
  수 있다.

-제 5 장-

# 말주변이 없어도
# 얼마든
# 유쾌한 사람이
# 될 수 있다

"어떤 말을 하느냐보다
어떻게 말하느냐가
'말의 의미'를 결정짓는다."

## 말의 내용보다 훨씬 중요한 것

### '말주변'을 탓하지 말라

사람들과 대화가 잘 이어지지 않는다고 고민하는 이들에게 '왜 그런 것 같냐'고 물으면 90퍼센트는 이렇게 답한다. "워낙 말주변이 없어서요", "제가 말을 잘하는 사람이 아니거든요".

하지만 대화에서 가장 핵심적인 요소는 말의 내용이 아니다. 물론 내용도 중요하지만, 굳이 순위를 매기자면 두세 번째 정도라 할 수 있다. 그렇다면 가장 중요한 요소는 무엇일까?

한 사람의 인상을 결정짓는 데 어떤 요소들이 영향을 끼치는지 실험한 연구 결과에 따르면 표정이나 몸짓 등의 시각 정보는 55퍼센트, 말투나 말하는 속도 등의 청각 정보는 38퍼센트, 말의 내용은 7퍼센트의 영향을 각각 끼친다고 한다. 시각 정보와 청각 정보를 더하면 93퍼센트이니, 첫인상은 여기서 대부분 판가름 난다고 보아야 할 것이다.

기억하자. 인상을 좌우하는 것은 말의 내용이 아니라, 말을 표현하는 방식과 거기에서 우러나는 분위기다.

아래의 예를 보면 이 사실을 분명히 실감할 수 있을 것이다.

"혜원 씨, ○○회사에 취직이 결정됐다며?"
"(눈을 내리깔고 작은 한숨을 내쉬며) 응. 그렇게 됐어."

"잘됐네, 요즘 같은 시기에. 기분 좋겠는데?"
"(여전히 낮고 덤덤한 목소리로) 어어, 좋지."

취업에 성공한 혜원 씨가 어딘지 모르게 어두워 보인다. 입으로
는 '기분이 좋다'고 대답했지만 정말 그럴까? 아마도 진심이 아
닌 듯하다. 남들은 모르는 속사정이 있어서 취업을 하고도 마음
이 편치 않은 상태로 보인다. 그럼, 다음의 경우를 보자.

"혜원 씨, ○○회사에 취직이 결정됐다며?"
(혜원 씨가 당당한 표정으로 승리의 브이자 포즈를 취한다.)
"잘됐네, 요즘 같은 시기에. 기분 좋겠는데?"
"(활짝 웃으며) 에이, 뭘~ 남들 다 하는 취업인데……. 그냥 그래."

말로는 '그냥 그렇다'고 했지만 혜원 씨가 기뻐하고 있다는 건 누
구라도 알 수 있다. 표정과 태도, 눈빛으로 기쁨을 마구 표출하고
있는데, 어지간히 둔한 사람이 아니라면 모를 수가 없다.
그러니 즐겁게 이야기를 나누고 싶다면 '말의 내용'에 연연할 필
요가 없다. 그보다는 '밝은 표정'을 짓고 '긍정적인 목소리'로 '시
원시원하게 대답'하는 데 신경을 써야 한다. 이 세 가지를 염두에
둔다면 말이 유창하지 못하더라도 사람들에게 '같이 얘기 나누
고 싶은 사람'이라는 평가를 충분히 받을 수 있다.

인간관계의 기본 원리는, 밝은 사람 곁에 사람들이 모여든다는 것이다. 이 간단한 원리를 모르는 이들이 많고, 혹은 알면서도 실천하지 않는 경우도 흔하다. 늘 미간을 찌푸리는 사람, 습관적으로 양쪽 입꼬리를 내리고 있는 사람, 누가 말을 걸면 퉁명스러운 반응이 먼저 튀어나오는 사람들은 본의 아니게 손해를 보곤 한다. 주변에서 쉽게 말을 걸기가 어렵고, 대화를 나누더라도 기분 좋게 이어지기가 힘들다.

사람들에게 '편안한 이야기 상대'가 되고 싶다면 평소에 표정이나 목소리를 수시로 점검하자. 내 입을 떠나는 말에 밝고 선명한 색을 입힌다면 누구든 기분 좋게 선뜻 받아들일 것이다.

## 인사에서 모든 것이 시작된다

### 기분 좋은 부메랑, 인사

누군가가 "안녕하세요?"라고 인사를 건넨다. 나도 "네, 안녕하세요?"라고 답을 한다. 엄밀한 의미에서 이 상황은 '내가 인사를 했다'고 할 수 없다. 내가 먼저 "안녕하세요?", "좋은 아침입니다", "수고 많으십니다." 하고 말을 붙여야 인사를 했다고 할 것이다.

우리 주변에는 먼저 인사를 하는 사람들이 생각처럼 많지 않다. 그래서 흔한 인사일지라도, 먼저 건네는 사람은 특별한 느낌을 준다. 설혹 상대방이 내 인사를 반갑게 받아주지 않으면 어떠랴. 인사말에는 그 말을 하는 사람을 기분 좋게 만드는 신비한 힘이 있다. 인사를 건네면서 내 기분이 상쾌해졌다면 그것으로 만족하자.

## 자신감을 키우는 인사말 훈련법

"안녕하세요?"라는 인사만으로는 좀 아쉽다면 여기서 몇 발자국 더 나아가보자. 방법은 간단하다. 인사 뒤에 짧은 몇 마디를 덧붙이면 된다.

"안녕하세요? 오늘도 날씨가 참 좋네요."

"고생 많으셨습니다. 그때 이후로 허리는 좀 어떠세요?"

"감사합니다. 덕분에 제시간에 왔네요." (버스나 택시 기사님에게)

"고마워요, 소중하게 잘 쓸게요." (선물을 받았을 때)

덧붙이는 말이 거창할 필요는 없다. 날씨 이야기나 상대방의 근황을 묻는 사소한 일상의 대화면 충분하다. 그 사소한 몇 마디에 상대방은 호의를 느낀다.

한편, 이런 식으로 인사에 몇 마디 말을 덧붙이는 습관은 대화 능력을 키우는 가장 손쉬운 훈련 방법이 된다. 작은 한마디지만 스스로 나서서 '적극적으로' 행동했다는 인식과 경험이 쌓이면서 어느 순간 자신감이 생기고 의사전달 능력도 향상된다. 타인과 나 자신을 동시에 고무하는, 평범하지만 썩 괜찮은 방법이다.

# 타인 사이로 쑥 끼어드는 기술

## 생각보다 강력한 이름의 힘

사람이 태어나면서부터 죽을 때까지 늘 가지고 있는 것이 있다. 정답은 뭘까?

바로 이름이다.

사람은 누구나 자신의 이름에 애착을 갖는다. 자기 이름을 정확하게 기억해주는 사람에게는 그래서 호감이 생긴다.

나만 해도 "커피 드시겠어요?"라는 말보다 "야마구치 씨, 커피 드실래요?"라고 물어봐주는 사람에게 더 친근감을 느낀다. 이름이 가진 힘은 우리가 생각하는 것 이상으로 크다(이름을 잘못 불렀을 때는 그만큼 손해도 크다).

초면인 상황에서는 '이름 부르기'가 한층 더 큰 위력을 발휘한다. 처음 만나 명함을 교환한다면 "잘 부탁드립니다"라고 하기보다 "○○ 씨, 잘 부탁드립니다"라고 이름을 짚어주자. 상대방도 당신을 기억하기 위해 한 번이라도 더 시선을 맞출 것이다.

이미 알고 지내는 사이에서도 대화 도중에 이름을 불러주면 분위기가 한결 부드러워진다. 문자를 보내거나 채팅을 할 때도 마찬가지다.

성과 이름을 함께 부르는 것보다는 이름만 부르는 편이, 그리고 이름보다는 별명이 더 친근한 느낌을 준다. 상대방과의 관계를 고려해서 적절하게 구분해서 부르자.

또 한 가지 기억할 것은, 상대방의 이름이 적혀 있는 명함이나 서류, 작품 등은 그 사람의 분신과도 같다는 사실이다. 그런 물건을 받았다면 절대 함부로 다루어서는 안 된다. 상대방의 눈앞에서 테이블 위에 아무렇게나 놓거나, 가방에 툭 던지는 행위는 금물이다.

## '아님 말고'의 정신으로 다가가자

얼마 전 한 남학생이 나에게 이런 고민을 털어놨다.

> "교실에서나 모임에서나, 먼저 말을 걸기가 힘들어요. 애들이 제가 말 거는 걸 싫어할 수도 있고, 괜히 말을 걸었다가 썰렁해지면 어쩌나 싶기도 하고……. 이제는 그냥 남들이랑 어울리는 것 자체를 자꾸 피하게 돼요."

나도 그런 시기가 있었기에 이 학생의 고민을 누구보다 잘 이해한다. 남들이 싫어할까 봐 두렵다, 말을 잘하지 못해 부끄럽다……. 이 학생의 마음은 불안으로 가득 차 있다. 마음에 상처를 입을 바에야 차라리 사람을 만나지 않는 편이 낫다는 생각에까지 이르렀다.

하지만 상처 입을 준비를 하는 것만큼 불필요한 일이 세상에 또 있을까.

놀이터에서 노는 어린아이들을 보라. 세네 살 꼬마들은 처음 보는 무리에 아무렇지도 않게 다가가 "같이 놀래?", "나도 껴줄래?" 하고 말을 건다. 놀라울 정도로 적극적이다. 거절당하면 어쩌지, 하고 쭈뼛거리지도 않는다.

설령 거절당해서 실망하고 눈물이 조금 났다 해도 잠시 후에는 또 아무렇지 않게 다른 친구들에게 다가간다. 아이들은 지난 일에 미련을 갖지 않는다.

우리는 아이들의 이런 '유연함'을 배워야 한다. 이것저것 따지지 말고 적극적으로 무리 속에 뛰어들어 "실례하겠습니다", "무슨 얘기가 그렇게 재밌나요", "저도 좀 껴주십시오~" 하고 말을 걸자. 상처받을지도 모른다고 미리부터 마음의 준비를 할 필요는 없다.

사람들의 가치관은 저마다 다르다. 나를 온전히 받아들일 수 있는 사람은 세상 어디에도 없다. 때로 거절을 당하고 부딪치기도 하는 것이 오히려 자연스럽다. 그건 잘못된 일도, 그렇게 큰일도 아니다. 운동을 할 때도 생채기가 생기고, 타박상을 입는 경우는 부지기수 아닌가. 상처가 났다는 것이 인간관계 자체를 피할 이유는 더더군다나 아니다.

'아님 말고'의 정신으로 몇 번이고 부딪혀보라. 마음의 면역력이 강해져서 손쉽게 털어내고 새로운 관계로 전환할 수 있게 될 것이다.

잠시도 말이 끊기지 않게 하는 대화법

# 2부

# 꺼진 대화도
# 살려내는 비결

- 제 6 장 -

# 좋은 질문은
# 답하는 이를
# 짜릿하게 만든다

# "모르는 것을 물으면
상대방에게 '설명하는 기쁨'을
제공할 수 있다. "

# 대화의 문을 막는 질문,
# 대화의 둑을 허무는 질문

## '닫힌 질문'과 '열린 질문'을 적절히 배합하라

> **질문 1 :** "운동하십니까?"
>
> **질문 2 :** "어떤 운동 하십니까?"

질문 1과 2는 비슷해 보이지만 사실은 전혀 다른 질문이다.

첫 번째 질문, "운동하십니까?"에 대한 답은 '예'나 '아니요'밖에 없다. 이런 질문을 '닫힌 질문'이라고 한다.

두 번째 질문, "어떤 운동 하십니까?"에 대한 답은 사람마다 다를 수 있다. "저녁마다 헬스클럽에 가요", "운동 삼아 자전거로 출퇴근을 하고 있습니다", "저는 요즘 요가가 참 좋더라고요. 몸이 개운해져요." 등 다양한 답이 나올 것이다. 이런 질문을 '열린 질문'이라고 한다.

닫힌 질문은 어떤 사실을 분명히 확인하고 싶을 때 유용하다.

그에 비해 열린 질문은 답에 제약을 두지 않는다. 상대방이 원하는 방식으로 자유롭게 이야기하도록 이끌 때 유용하다.

이 두 가지 유형의 질문을 적절히 섞으면 대화의 범위나 깊이를 조절할 수 있다. 다음의 예를 보자.

"달달한 디저트 좋아하세요?" [닫힌 질문]

**"네, 디저트 아주 좋아하죠."**

"어떤 디저트를 주로 드세요?" [열린 질문]

**"동네에 제과점이 새로 생겼는데, 거기 마카롱이 정말 맛있거든요. 종종 사 먹어요."**

위의 예에서는 '닫힌 질문'으로 상대방이 디저트에 관심이 있는지, 없는지를 먼저 알아보았다. 그리고 '열린 질문'으로 구체적인 내용을 파고들었다.

대화를 풍성하게 키워나가려면 이렇게 '닫힌 질문'을 던지고 나서 '열린 질문'을 던지는 방식이 효과적이다. 만약 첫 질문에 "아니요. 단 음식은 별로 안 좋아해요"라는 답이 돌아왔다면 그냥 다음 주제로 넘어가면 된다.

이와는 반대로 '열린 질문' 다음에 '닫힌 질문'을 연결하는 방법도 있다.

"최근에는 어떤 취미에 관심이 있으신가요?" [열린 질문]

**"얼마 전부터 그림엽서를 직접 만들기 시작했어요."**

"그러세요? 배워서 하시는 건가요?" [닫힌 질문]

**"네. 집 근처 문화센터에 다녀요."**

또는 '열린 질문'을 계속 던지거나, '닫힌 질문'을 계속 던지면서 대화를 이어갈 수도 있다. 후자의 경우는 주의를 기울여야 한다. '닫힌 질문'만 계속 던지면 상대방은 '네', '아니요'밖에 할 말이 없어서 마치 취조받는 듯한 압박감을 느낄 수 있다.

## 두루뭉술한 질문에는 대답하기가 어렵다.

성공한 사업가에게 대뜸 이런 질문을 던지면 어떻게 반응할까?

"○○씨에게 리더십이란 무엇입니까?"

혹은 이성에게 인기 있는 사람에게 아래처럼 묻는다면?

"어떻게 해야 인기를 끌 수 있을까요?"

아마 상대방은 머뭇거리면서 난처한 얼굴로 답변을 고민할 것이다.

"리더십이요? 글쎄요……."

"음……. 인기라는 게 사람마다 기준이 다른 거라서……."

만약 구체적이고 명확한 답을 듣고 싶다면 질문 또한 구체적이어야 한다. "어떻게 해야 리더십을 기를 수 있습니까?"라는 두루뭉술한 질문이 아니라 "부하직원이 큰 실수를 저질렀을 때, 리더는 어떤 말을 해주어야 할까요?"처럼 상황이 명확히 그려지는 질문을 던지는 것이다. 이럴 때 말하는 이는 자신의 경험과 지식을 재료 삼아 풍성한 스토리를 만들어낸다.

> "제 경우 부하직원을 질책하기에 앞서 우선 자세한 경위를
> 듣습니다. 실수를 예방하지 못한 것은 상사의 책임일 수도
> 있으니까요. 그러고 나서 대책을 생각합니다."

이 대답에서는 이 사람만의 '리더십 원칙'을 찾을 수 있다. '상사
는 부하직원의 업무 수행 결과를 책임지는 사람이다'라는 포인
트를 포착하여, 더 깊이 있는 방향으로 대화의 물꼬를 틀 수 있
다.

마찬가지로, 인기의 비결을 알고 싶다면 "어떻게 해야 인기를 끌
수 있습니까?"라고 무작정 물을 것이 아니라 "여자가 양손 가득
무거운 짐을 들고 있을 때, ○○씨라면 어떻게 하시겠어요?" 같
은 질문을 던진다.

> "그럴 때는 '들어줄까요?'라고 물을 필요가 없습니다. 괜찮다고
> 사양하는 경우가 대부분일 테니까요. 그냥 '제가 들어드릴게요.'
> 하면서 절반 정도를 쓱 들고 앞장서는 게 제일 좋아요."

이 사람의 답에서는 '남자는 말과 행동으로 보여주어야 한다'라
는 지론을 감지할 수 있다. 과감한 행동으로 여성들의 마음을 사
로잡은 사례를 더 물어보거나, 반대로 행동을 먼저 하고 나섰다
가 실수한 적은 없는지 물어볼 수도 있을 것이다.

성공적인 이직의 비결을 알고 싶다면 "○○씨가 채용 면접관이

라면 인재의 어떤 조건을 우선시하겠습니까?"라는 질문을, 다이
어트 비결을 알고 싶다면 "한밤중에 배가 고플 때 어떻게 하시나
요?" 같은 질문을 해보자.

질문의 범위가 넓으면 대답도 두루뭉술해진다는 사실을 기억하
라. 질문이 구체적일수록 상상하기가 쉬워져서 편안하고 재미있
는 답변을 하게 된다. 망망대해 한가운데 무작정 그물을 던질 때
에 비해서 원하는 방향의 정보를 어망 가득 거둬들일 수 있을 것
이다.


## 마음을 터놓을 수 있는 장소는 따로 있다

### 인기남의 비결을 엿듣고 싶다면?

좋은 정보를 듣고 싶을 때는 '장소'를 신중히 택해야 한다.

아주 잘생긴 것도 아닌데 여자들에게 유독 인기가 많은 친구가
있다. 그 친구를 창문 하나 없는 노래방으로 불러내 인기 비결을
묻는다면 원하는 대답을 들을 수 있을까? 그럴 가능성은 낮을 것
이다. 폐쇄적인 공간이 그 친구를 압박하여 긴장하게 만들 테니
말이다.

제대로 된 답을 원한다면 시끌벅적한 술집으로 불러내는 편이

훨씬 좋다. 어느 정도 취기가 돌고 나서 "나는 왜 여자에게 인기가 없을까?" 하고 묻는다면 어떨까? 그 친구는 "좋았어, 오늘은 내가 특별히 '인기남'의 비법을 알려주지. 너는 말이야, 다 좋은데 이런 점이 문제야." 하고 알아서 이야기를 풀어놓을 것이다.

개방적인 공간에서는 사람의 태도나 생각도 개방적이 되기 쉽다. 역 앞에 위치한 밝은 분위기의 카페나, 사람들로 북적이는 호프집도 좋다. 중요한 노하우나 비법을 듣고 싶다면 폐쇄적인 장소보다는 개방적인 공간을 선택하자.

단, 중요한 상담이나 거래, 취재 등을 할 때는 시끌벅적한 공간을 피해야 한다. 그보다는 천장이 높고 분위기가 차분한 호텔 라운지라든가, 칸막이가 있는 아늑한 공간이 더 잘 어울린다.

상대방의 잘못을 따져 물을 때, 뭔가를 추궁하거나 설득할 때는 경찰서의 취조실처럼 사람이 드나들지 않는 무미건조한 공간이 적합하다. 구석진 회의실로 데려가서 분위기를 잡으면 심리적으로 우위에 서서 상대방을 압박할 수 있다. 대화를 시작하기에 앞서 문을 닫으면 효과가 한층 커진다.

덧붙이자면, 창이 없는 폐쇄적인 공간이라도 가구나 조명을 적절히 배치하고 편안한 음악을 틀어놓으면 분위기가 완전히 달라진다. 긴장을 풀고 차분한 대화를 이어가기에 알맞다.

## 설명하고픈 욕구를
## 자극하는 질문 법

### '그게 뭐예요?'라는 질문을 부끄러워 말라

사람들 대부분은 이야기를 나누는 중간에 모르는 단어나 내용이 나와도 대충 아는 척을 하고 넘어간다. 특히 자존심이 센 사람들의 경우, 남이 아는 걸 나는 모른다는 사실을 부끄럽게 여겨서 티를 내지 못한다. 하지만 커뮤니케이션 능력이 뛰어난 사람은 자신이 모른다는 사실을 숨기지 않고 솔직하게 말한다.

> "그 회사, 이번에 너무했어요. 그렇게 하면 오프사이드나 다름없잖아요."
>
> "오프사이드? 그게 뭔데요?"
>
> "아, 축구 안 보세요? 간단하게 설명하면 공격자 반칙 행위를 뜻하는데요, 상대편 진영 안에서 공보다 앞으로 나가는 걸 오프사이드라고 해요."
>
> "오, 축구에 그런 규칙이 있군요."

멈추지 않고 성장하는 사람은 '모른다는 말을 입에 담으면 나의 가치가 내려간다'고 생각하지 않는다. 오히려 새로운 것을 배울 절호의 기회로 여긴다.

만약 축구를 모르는데도 아는 척을 하면서 "그렇죠, 오프사이드 죠"라고 말했다면 스스로 위축이 되어서 눈치를 보게 될 것이다. 혹은 실수하기 싫어서 아예 입을 다물지도 모른다. 이것은 건강한 대화가 아니다. 자칫하면 '잘 모르면서 아는 척하는 사람'이라는 꼬리표가 붙을 수도 있다.

**"제가 그 분야는 잘 몰라서 그러는데, ○○이 무슨 뜻인가요?"**

**"○○이란 말을 처음 들었습니다. 무슨 말입니까?"**

인간은 남에게 뭔가를 가르치는 데서 희열을 느낀다. 솔직하게 모른다고 털어놓고서 가르쳐달라고 하면, 누구든 자신의 지식을 기꺼이 들려줄 것이다. 대화에 한층 탄력이 붙는 것은 당연한 일이다.

## '돕고 싶다'는 마음을 건드려라

누군가가 최선을 다해 대답하는 모습을 원한다면 그 사람의 '공헌심'을 자극해보자.

예를 들어, 잡지사 기자가 '부부의 권태기 극복 방법'에 대해 취재를 한다고 가정해보자. 기자는 취재원에게 질문의 배경을 설명한다.

**"저희 독자들 중, 부부 사이의 권태기로 고민하는 분들이 사연을 많이 주십니다. 이번 특집 호에서 ○○님이 직접 겪었던 권태기 극복담을 저희 독자들에게 들려주신다면 큰 도움이 될 겁니다."**

이렇게 운을 떼우면 대부분의 사람들은 눈을 반짝인다. '그래, 내가 도움이 될 수 있다면……' 하는 마음에서 적극적으로 유익한 정보를 풀어놓고자 한다.

우리들 마음속에는 타인에게 어떤 도움이 되고 싶다는 '공헌 욕구'가 있다. 이 공헌심의 스위치를 살짝 건드리기만 하면, 스스로 두뇌를 풀가동하여 최선의 정보를 주고자 노력한다.

**"○○동에 괜찮은 이탈리아 레스토랑이 있으면 추천 좀**
**해주실래요?"**

이렇게 질문하면 몇 군데 얘기는 해주겠지만, 심사숙고해서 고민하지는 않을 것이다. 그럼 이렇게 질문하면 어떨까?

**"다음 주에 고향에 계신 어머니가 3년 만에 올라오세요.**
**파스타를 좋아하셔서 맛있는 파스타를 대접하고 싶은데,**
**○○동에 괜찮은 레스토랑이 있을까요? ○○동에 오래 사셨으니**
**잘 아실 것 같아서요. 추천 좀 해주실래요?"**

아마도 상대방은 아주 열심히 골라서 몇 군데를 신중하게 추천해줄 것이다. 어떤 메뉴가 맛있는지, 어른들 입맛에는 뭐가 잘 맞을지도 성의껏 조언해줄지 모른다.

똑같은 내용을 묻더라도 목적과 사정을 설명하여 '공헌심'을 자극해보자. 얻을 수 있는 정보의 양과 질이 크게 달라진다.

## '처음에'라는 질문 속에 추억이 피어오른다

행복한 추억, 즐거운 기억을 환기하는 대화의 마법이 있다.

바로 '계기'를 묻는 것이다.

만약 누군가가 어떤 일에 푹 빠져 있거나, 뭔가에 유독 애정을 보인다면 그 일을 시작하게 된 '계기'를 물어보자. 처음 그 일을 접했을 때의 감동이나 기쁨을 떠올리면서 자연스럽게 말이 많아질 것이다.

계기를 물을 때 쓰기 좋은 말은 '처음에', '애당초', '애초에' 등이 있다.

"그런데 너무 일에만 몰두하시는 거 아닙니까? 깨어 있는
시간에는 일만 생각하시는 것 같아요."

"아니죠, 자고 있을 때도 일을 생각하죠(웃음). 심지어 꿈에도
나온다니까요! 저는 잡지 만드는 일이 정말 좋아요. 일 자체가
워낙 불규칙해서 몸은 엉망이지만, 그렇다고 이 일을 관두고
싶은 마음은 없습니다."

"천직이네요! '애초에' 어떤 계기로 잡지 편집자가 되어야겠다고
생각하셨습니까?"

"대학 다닐 때 친구가 하도 권해서 마지못해 신문방송 동아리에
들어갔어요. 그런데 내가 쓴 기사가 은근히 반응이 좋은 거예요.
글솜씨 있다는 칭찬을 받으니까 점점 더 재밌어지더라고요.

그러다 어느 순간 신문사나 잡지사 기자가 되면 어떨까 싶었죠. 아주 단순하죠?"

위의 대화에서는 상대방이 열정을 쏟는 일을 이야깃거리로 삼았다. '잡지 만드는 일이 정말 좋다'는 말을 놓치지 않고 그 일을 시작한 '계기'를 물었고, 질문을 받은 상대방은 신이 나서 자신의 경험을 풀어놓았다.

이렇게 대화가 활기를 띠게 된 까닭은 이야깃거리가 상대방에게 긍정적이고 유쾌한 주제이기 때문이다. 만약 썩 달갑지 않은 주제였다면 아무리 대화를 키우려 노력하더라도 잘 되지 않았으리라. 화기애애하게 대화를 나누고 싶다면 상대방에게 즐거운 주제, 특히 그 첫 순간의 기억을 건드리자.

## 질문만큼이나 중요한 '보고하기'

### 고급 정보가 넘치는 사람들의 특징

"회사 근처에 좋은 한의원 없나요? 어깨가 딱딱하게 뭉쳐서요."

"뭉친 어깨를 풀려는 거라면 스포츠마사지는 어때요? 지하철역 앞에 스포츠마사지를 전문으로 하는 곳이 있는데."

회사 동료에게서 이런 이야기를 듣고 퇴근길에 그 스포츠마사지 숍에 들렀다. 덕분에 뭉친 어깨가 개운하게 풀렸다. 다음날, 당신이라면 정보를 귀띔해준 동료에게 이 사실을 알리겠는가?

알린다고 답한다면, 커뮤니케이션의 기본을 갖춘 사람이다. 상대방은 우연히 알고 있던 정보를 가르쳐주었을 뿐이므로 결과를 보고하리라는 기대까지는 하지 않았을지 모른다. 하지만 아래와 같은 이야기를 듣고서 기분 나쁠 사람은 아마 없을 것이다.

**"어제 알려주신 숍에 갔어요. 마사지를 받고 났더니 어깨 뭉친 게 시원하게 풀렸어요. 몸도 진짜 개운하네요. ○○씨에게 물어보길 잘했어요. 고마워요!"**

자신이 들려준 정보를 어떻게 활용했는지 결과를 알려주고 진심으로 감사를 전하는 사람이라면 "그 친구, 사람이 참 괜찮더라"라는 평가를 들을 만하다. 상대방은 앞으로도 좋은 정보가 있다면 흔쾌히 말해줄 가능성이 크다. 반대로 정보를 듣기만 하고 감감무소식인 데다가 고맙다는 말 한마디 없다면 '예의가 좀 없네.' 하는 오해를 살 수 있다.

누군가가 일부러 알아봐 준 정보, 다른 사람에게는 공개하지 않은 중요한 정보, 장기간에 걸쳐 완성한 노하우 등을 듣게 되었다면 그 정보를 어떻게 사용했는지, 결과는 어땠는지를 되도록 빨리 보고하고 감사 인사를 전하자. 주변에 도움을 주는 손길이 끊이지 않는 사람은 다 이유가 있는 법이다.

6장에서 소개한

## 효과적인 질문 법

- 대화를 풍성하게 키워나가려면 '닫힌 질문'과 '열린 질문'을 적절히 섞어서 사용해야 한다.

- 구체적인 답을 원한다면 최대한 범위를 좁혀서 구체적으로 물어보자.

- 탁 트인 활기찬 공간에서는 사람의 태도도 개방적이 되어, 중요한 정보를 더 쉽게 들려준다.

- 모르는 단어가 나왔을 때 솔직하게 물어보면 상대방에게 '가르치는 기쁨'을 제공할 수 있다.

- 공헌심을 자극하면 최선을 다해 답해준다.

- 상대방이 좋아하는 일을 시작하게 된 '계기'를 물으면 대화가 한층 흥겨워진다.

- 좋은 정보로 도움을 얻었다면 '보고하기'를 잊지 말자.

### 제 7 장

# 시드는 대화에
# 물을 주는 법

> **대화의 랠리는
> 초반이 중요하다.**

# 시드는 대화에 물을 주는 법

## 대화의 랠리는 초반이 중요하다

"어느 쪽에 사세요?

"○○동이요."

"아, 예."

"네에……."


대화가 금방 끝나버리는 사람들은 대개 하나의 소재로 한두 번밖에 말을 주고받지 못한다. 테니스에 비유하면 랠리는 시작도 하지 못하는 꼴이다.

풍선을 불 때는 처음이 제일 중요하다. 고무가 '푸욱' 하고 늘어나는 순간까지는 강한 숨을 불어넣어야 한다. 대화도 그렇다. 처음에 힘을 실어야 한다.


앞의 대화에서 상대방이 "○○동이요"라고 답했을 때, 대화가 바람 빠진 풍선이 되지 않도록 숨을 불어넣는 방법은 다양하다. "그 동네는 무슨 지하철역과 가까워요?" 하고 동네에 대해 좀 더 깊이 물어보거나, "○○동이라면 저도 몇 번 가본 적 있어요. 거기 ○○거리가 유명하지 않아요?" 하고 자신의 경험을 나누면서 상대의 대답을 유도할 수도 있을 것이다. 핵심은 대화가 시들지 않고 더 크게 자라나도록 기반을 다져야 한다는 점이다.

## 받기 쉬운 공을 던져라

대화가 끊이지 않고 이어지도록 하려면, 대화의 랠리 도중 '상대
방이 쉽게 받아낼 수 있는 공'을 던져야 한다. 처음부터 강한 서
브를 넣거나, 예고 없이 스매싱을 날리면 상대가 제대로 받아내
지 못해 대화가 주저앉고 만다.

'쉽게 받아낼 수 있는 공'의 대표적인 예로 '경험담'을 들 수 있다.
남에게 사적인 정보를 드러내는 행위를 심리학 용어로 '자기노
출(self-disclosure)'이라고 한다. 자신의 경험을 말하는 것은 자
기노출의 한 가지 방법이다.

자기노출은 한번 시작되면 연쇄반응을 일으키는 성질이 있다.
다시 말해, 내가 먼저 나를 노출하면 상대방도 덩달아 마음을 열
고 자신을 드러낸다는 이야기다.

아래의 대화처럼 말이다.

A "일기예보를 보니까 오늘 저녁에 소나기가 내릴 수 있대요.
   혹시 몰라 접이식 우산을 챙겨왔습니다."

B "우산은 역시 접이식이 편해요. 얼마 전에 장우산을 가지고
   나왔다가 깜빡하고 전철에 두고 내렸거든요. 하는 수 없이
   우산을 또 샀는데, 그렇게 잃어버린 우산이 꽤 돼요."

A "저도 그런 적 많아요. 예전에 명화가 그려진 큰 장우산을
비싼 돈 주고 샀는데, 들고 나간 날 바로 잃어버렸어요. 그때
이후로는 쭉 접이식 우산을 써요."

A가 '접이식 우산' 이야기를 꺼내자 B는 우산을 전철에 두고 내린 자신의 경험담으로 받아쳤다. A 역시 맞장구를 치며 자연스럽게 자신의 경험을 털어놓았다. 장우산을 잃어버린 실수담을 공유한 A와 B. 두 사람의 심리적 거리는 이전보다 몇 걸음쯤은 가까워졌을 것이다.

회사 점심시간에 음식점에서 메뉴를 고르는 중이라고 상상해보자. 옆에서 동료가 이렇게 말문을 열었다면 어떤 답을 할 수 있을까?

"나는…… 제육덮밥으로 할래요. 이건 언제 먹어도 참
맛있어요."

상대방이 어떤 말을 해올 때 자신의 경험을 살짝 더해서 부담 없이 받을 수 있게 해주면 대화가 무르익는 건 순식간이다. 여기서는 제육볶음이나 덮밥에 관한, 어떤 경험담이든 좋다.

"그러게, 신기하죠? 다른 음식은 자주 먹으면 물리는데, 여기
제육덮밥은 먹을 때마다 맛있더라고요. 생각해보면 일주일에
한두 번은 꼭 먹는 것 같아요."

만약 마땅한 말이 떠오르지 않는다면 남의 경험을 끌어와도 좋을 것이다.

> "내 친구 중에도 덮밥을 유난히 좋아하는 애가 있어요. 한번은 불고기덮밥을 포장해서 버스 정류장에 앉아 있는데 차가 너무 안 오더래요. 배는 고프고 밥은 식어가고…… 그래서 그냥 정류장에 앉아 덮밥을 먹어버렸대요. 정말 대단한 녀석이에요."

경험이 아닌 토막 상식이 떠오를 수도 있다.

> "제육 하니까 생각나네요. 고기를 부드럽게 하려면 키위를 넣는 게 좋대요."

어떤 내용이든 서로 힘 들이지 않고 편안하게 주고받을 수 있는 이야깃거리라면 '오케이'다.

## 대꾸할 때는 '응' 다음이 중요하다

> "오늘은 자전거로 왔네?"
>
> "응."
>
> "그래……."

평소와 달리 자전거를 타고 온 당신에게 상대방이 아는 척을 해온다. 그런데 '응'이라고만 짧게 답하고 만다면 그 사람은 어떤 기분이 들까? 기껏 말을 걸었는데 정적이 흘러서 아마 민망해할 것이다. 혹은 달리 이어갈 말을 찾지 못해 당황할지도 모른다.

'응'이라는 짧은 한마디는 대화의 흐름을 막아버린다. 조금만 생각해보면 그 뒤에는 얼마든 다양한 이유나 설명을 덧붙일 수 있다.

"응. 운동 부족인지 요즘 3킬로그램이나 쪄서 말이야."

"응. 날씨가 워낙 좋아서."

"응. 옆에 도로는 꽉 막혔는데 나는 씽씽 달리니까 은근히 쾌감이 있네."

"응. 자동차 검사 때문에 오늘은 차를 쓸 수가 없거든."

상대방의 질문에 단답형으로 끝내지 않고 부연 설명을 해주면 상대방은 '그런 사정이 있었구나. 물어보길 잘했네.' 하는 일종의 만족감을 얻는다. 애초에 말을 걸어왔다는 건 당신과 이야기를 하고 싶었다는 뜻이기 때문이다.

이제 상대방은 새로운 질문을 생각하느라 애쓰지 않아도 된다. 당신의 설명에 장단을 맞추며 자연스럽게 다음 말을 이어갈 수 있다.

"요즘 3킬로그램이나 쪘다." ➡ 다이어트 이야기를 하면 되겠구나.

"날씨가 좋다." ➡ 계절 이야기를 해보자.

"꽉 막힌 도로 옆을 달리니 쾌감이 있다." ➡ 출근 시간 정체에 관한 이야기를 하자.

**"자동차 검사 때문에 차를 쓸 수 없다."** ➡ 차 이야기를 꺼내자.

'네', '아니요' 뒤에 한마디를 덧붙이는 건 상대방에 대한 '배려'
이기도 하다. 누군가의 질문에 흥미로운 부연 설명으로 반응하
는 연습을 꾸준히 해보자. 주변 사람들에게서 '말 걸고 싶은 상
대'라는 평을 듣게 될 것이다.

**"○○씨는 뭐라고 말을 붙이면 반응을 참 잘해줘. 그래서 말**
　**걸기가 편해."**
썩 괜찮은 칭찬 아닌가?

이쯤에서 질문을 하나 던질까 한다.

**"지금 읽고 계신 책, 재미있나요?"**
연습 삼아 대답해보자.
물론 '대답+부연 설명'으로 답해야 한다. 부디 필자에게 이야기
를 혼자 끌어나가야 한다는 부담을 주지 않길 바란다.


## 상대방이 원하는 '대화 포인트'를 포착하라

### 생소한 단어 하나에 숨을 불어넣자
아래의 대화를 살펴보자. A는 B의 이야기에 나름대로 호응을 하

고 있는데 뭔가 아쉽다. 어떤 점이 그럴까?

A "사무실과 댁이 가깝네요."

B "네. 그런데 외근이 많아서 사무실에 있는 시간은 그리 많지 않아요. 외근 나가서 시간이 비면 그냥 근처 카페에서 일하는 편이에요. '노마드 워커'나 다름없죠."

A "그렇군요. 가까운 사무실을 두고 외근을 많이 나가서 힘드시겠어요."

A는 'B의 사무실과 집의 거리'에 초점을 계속 맞추고 있다. 그런데 자세히 보면 B는 사실 여기에 그리 큰 의미를 두지 않는다. 상대가 흥미를 보이지 않는 부분에 집중해봐야 대화를 키워나가기 어렵다.

이 대화에서 이야기를 발전시킬 포인트는 B가 언급한 '노마드 워커(nomad worker)'에 있다. 만약 A가 '노마드 워커'의 뜻을 모른다면? 이렇게 물어봤다면 좋았을 것이다.

**"노마드 워커요? 저는 처음 들어본 말이네요. 무슨 뜻이에요?"**

앞 장에서도 설명했듯이, 인간은 남에게 무언가를 알려줄 때 기쁨과 성취감을 느낀다. 방금 전 B는 '노마드 워커'라는 단어를 사용하면서 속으로 'A가 이 단어의 뜻을 모를 수도 있겠네. 이걸 설명해줘야 하나?' 하고 머뭇거렸을지도 모른다. 이때 상대방이 모른다고 솔직하게 이야기하면 흔쾌히 나서서 자세한 설명을 곁들일 것이다.

만약 노마드 워커가 '휴대용 기기를 이용해 시간과 장소에 구애받지 않고 일하는 사람'을 가리키는 말임을 A가 이미 알고 있다면, '유목민 스타일의 업무 방식'에 주목하여 대화에 기운을 불어넣을 수 있다.

이런 반응도 괜찮을 것이다.

**"편한 시간에 편한 장소에서 일을 할 수 있다니, 부러운데요?"**

혹은 이런 질문은 어떨까?

**"그럼 항상 노트북을 가지고 다니시겠군요. 어떤 기종을 쓰세요?"**

다음처럼 반응하는 것도 대화를 키우기에 적합하다.

**"요즘에는 카페에서 공부하는 사람들이 많더라고요. 인기 많은 카페는 좋은 자리 차지하기가 쉽지 않을 것 같아요."**

낯선 어휘가 나오거나 상대방이 빈번하게 어떤 단어를 입에 올린다면, 그냥 흘려버리지 말고 새로운 숨을 한 번 불어넣을 기회로 삼자. 사람들은 새롭게 알게 된 신조어나 비즈니스 용어 등을 대화 속에서 실험해보는 경우가 종종 있다. 대화 중간에 특정 단어가 반복될 때 그 단어, 혹은 그와 관련된 이야기를 소재로 삼으면 최소한 실패할 리는 없다.

## '숫자'를 말한다는 것은 '놀라워해 달라'는 신호

오랜만에 만난 누군가가 이렇게 말한다.

**"제가 다이어트 중이거든요. 1개월에 5킬로그램을 뺐어요."**

당신이라면 뭐라고 할 텐가? 혹시 "와, 대단하네요." 칭찬 한마디 하고 다른 이야기로 넘어가는 건 아닌가?

나라면 이 기회를 놓치지 않겠다. 대화 도중에 구체적인 숫자가 나왔다면, 그건 대화를 한 단계 발전시킬 아주 좋은 기회이기 때문이다. '1개월에 5킬로그램'이라는 수치에 집중하면 아래처럼 다양한 질문거리가 떠오른다.

- 1개월에 5킬로그램을 빼야 할 절박한 이유라도 있었을까?
- 어떤 방법으로 다이어트를 했을까?
- 다른 사람도 시험해볼 수 있는 방법일까?
- 살이 빠진 이후 어떤 변화가 찾아왔을까?
- 살이 그만큼 빠졌으니 본인은 얼마나 기쁠까?

누군가가 이야기를 하면서 어떤 숫자를 들어 강조했다면, 그에 상응하는 반응을 기대하고 있다는 의미다. 자기 얘기를 듣고서 '주목해주기를', '놀라워해 주기를', '칭찬해주기를', '위로해주기를' 원하는 것이다.

상세한 숫자를 기억한다는 건, 본인에게 그만큼 의미가 있고 흥미를 느낀다는 뜻이다. 그런 소재를 그냥 흘려버린다면 너무 아깝지 않겠는가?


**"통근 시간만 2시간 30분이 걸린다니까."**
회사와 집이 멀어서 출퇴근을 힘들어하는 사람들은 흔히 이렇게 불만을 토로한다. 이때도 "아이고, 엄청나네." 하고서 넘어가지 말고 '통근 시간 2시간 30분'에 초점을 맞춰보자.


- 회사와 그렇게 멀리 떨어져 사는 이유는?
- 회사는 어디에, 집은 어디에 있을까?
- 무엇을 타고 어떤 방식으로 출퇴근을 할까?
- 그 통근 시간에 무엇을 할까?
- 긴 통근 시간에 적응했을까, 아니면 매일같이 힘들까?
- 이사를 계획하고 있지는 않을까?


대화 속에 숫자가 끼어드는 예는 상당히 많다.
**"이틀에 1,500킬로미터를 주파했어요."**
**"지난주에 글쎄 15시간이나 야근을 했지 뭡니까?"**
**"어제 영화를 세 편을 연속으로, 7시간이나 봤어."**
단순한 숫자 같지만, 사실 그 안에는 말하는 이의 감정이 담겨 있다. 얼마나 힘들었는지, 기뻤는지, 혹은 얼마나 자랑스러운지…… 이럴 때는 입체적인 질문으로 말하는 이의 속내와 감정을 자연스럽게 건드려보자.

## '침묵' 활용법

### 침묵을 허용하는 용기

B "A씨는 채소를 좋아하시는군요. 고기는 싫어하십니까?"

A "아니요, 싫어하지는 않아요(몇 초간 침묵이 흐른다)."

B (서둘러 침묵을 메우려는 듯이) 아, 예. 이해합니다. 아무래도 채소를 더 선호하다 보면 육류는 점점 손이 안 가게 되겠지요."

A "꼭 그렇다기 보다……(말이 잠시 끊긴다)."

B "(또다시 서둘러 침묵을 깨며) 뭐, 어떻습니까. 이참에 저도 A씨를 본받아서 채소 위주로 식생활을 바꿔봐야겠어요."

A "……."

A가 몇 초간 입을 다물고 있을 때마다 B는 급하게 그 사이에 끼어들어 자신의 말을 채워 넣었다. 침묵이 어색해서 그랬겠지만 결과적으로는 B의 말할 타이밍을 방해하고 말았다.

똑같은 침묵으로 보일지라도 '말이 막힌 것'과 '말할 마음이 없는 것'은 다르다. 조금 더 기다렸더라면 A는 다음처럼 말을 이어갔을지도 모른다.

**"아니요, 싫어하지는 않아요. ……그런데 요즘 이상하게 고기만 먹으면 소화가 잘 안 되더라고요. 괜찮아질 때까지는 채식을 좀 하려고요."**

그런데도 B는 '채소를 더 선호해서 육류를 점점 피하게 되는 것'이라고 A의 상태를 제멋대로 단정했다. 상대방은 고기를 싫어하는 것이 아니라 다이어트 중일 수도 있고, 혹은 복용하는 약 때문에 당분간 육류를 먹지 못하는 것일지도 모른다. 누군가가 내 이야기를 끝까지 듣지도 않고 성급하게 대화를 진행하려고 들면 나도 말할 마음이 사라진다. 대화에서 조급함은 금물이다.

침묵이 찾아왔을 때 필요한 것은 '말을 기다리는 용기'다. 사람마다 생각을 정리하는 데 걸리는 시간이 다르다. 이야기 속도가 느린 사람들도 의외로 많다. 그런 사람들이 자기 속에 있는 말을 고르고 밖으로 꺼낼 때까지 기다리는 여유를 가져야 한다.

어색한 공기를 참지 못해서 허둥지둥 아무 말이나 하는 것은 대화의 흐름을 왜곡할 뿐이다.

그저, 잠시 기다리자.

느리고도 부드럽게 대화의 랠리가 오랫동안 이어질 것이다.

## 카페에서 하는 '오래된 부부' 놀이

"정적이 흐르는 걸 견딜 수가 없어요!"

이런 고민으로 상담을 해오는 경우가 종종 있다.

대화에 서툰 사람에게 침묵은 고문이나 다름없다. 어떤 사람은 '침묵이 잦다는 건 내가 말을 잘 못한다는 증거'라고 믿는다. 그런데 대화에 능숙한 사람은 놀랍게도 그 침묵을 정반대의 의미로 해석한다. 그들은 침묵을 '신뢰를 형성할 좋은 기회'로 여긴다.

카페에서 5분 이상 서로 말이 없어도 서먹하지 않은 사이가 있다. 서로를 속속들이 아는 연인이나 친구, 긴 세월을 함께 지낸 부부가 그렇다. 이런 사이에는 흔들리지 않는 신뢰가 쌓여 있어서 상대방이 잠깐 동안 말을 하지 않더라도 크게 신경 쓰지 않는다. 이들에게 아무 말도 하지 않는 시간은 '서먹한 시간'이 아니라, '마음을 놓을 수 있는 편안한 시간'이다.

이제 생각을 바꿔보자. 친해지고 싶은 사람과 함께 있는데 둘 사이에 침묵이 흐른다면? 이를 '편안한 시간'을 공유하고 신뢰를 쌓을 기회로 여기자.

방법은 쉽다. '나는 지금 당신과의 침묵을 즐기고 있습니다'라는 태도를 취하는 것이다.

초조해하지 말고 그냥 편안하게 그 시간 속으로 잠겨보자. 미소를 띠며 주변을 천천히 둘러봐도 좋고, 좋아하는 노래를 흥얼거려도 좋다. 다정한 얼굴로 상대와 잠시 눈을 맞춰도 좋을 것이다. 저 사람과 내가 막역한 친구 사이, 혹은 부부 사이라고 상상해보라.

내가 풍기는 편안한 분위기는 상대방에게 '이 사람과 있을 때는 굳이 말을 많이 하지 않아도 좋구나'라는 안도감을 준다. 본래 침묵에는 '좋고 나쁨'이 없다. 당신이 '침묵=서먹함'이라고 정의 내리지 않는 한, 침묵 때문에 사이가 멀어질 일은 없다.

## 지금 당장 대답을 들을 필요는 없다

질문을 던진 다음 상대의 답을 기다릴 때 당신은 어떤 표정과 태도를 보이는가?

혹시 '빨리 좀 대답해라~' 하는 분위기를 풍기면서 상대방을 압박하지는 않는가? 이렇게 되면 사람은 마음이 급해져서 오히려 더 생각에 집중할 수 없게 된다. 그보다는 '천천히 생각해도 좋아요'라는 분위기를 자아내는 편이 대화에 훨씬 도움이 된다.

누군가의 대답을 기다릴 때는 가볍게 미소를 머금고 여유로운 표정을 지어 보이자. 상체를 조금 뒤로 빼서 둘 사이에 '약간의 거리'를 시각적으로 만들어 보여도 좋다. '당신의 공간을 확보해 드렸습니다. 저는 잠시 물러나 있을게요. 천천히 생각하세요'라는 메시지를 전달할 수 있다.

시간이 지나도 상대방이 선뜻 대답을 하지 못하고 머뭇거린다면 "꼭 지금 말씀 안 주셔도 됩니다. 언제든 생각나면 그때 알려주세요." 하면서 생각할 시간을 충분히 주자. 다음번에 만날 때는 완성된 성의 있는 답변을 들을 수 있을 것이다.

## 두서없는 사람과 조리 있게 대화하는 법

### 이야기에도 정리정돈이 필요하다

세상에는 여러 유형의 '말 많은 사람'들이 있다.

간결하게 말하지 못하는 사람, 말하는 동안 자기가 하려던 말을 잊는 사람, 툭 하면 이야기가 삼천포로 빠지는 사람······.

이들이 이런저런 말을 마구 뒤섞어서 이야기하고 있다면 슬쩍 끼어들어 내용을 정리하고 넘어가자. 그러는 편이 내게도, 상대에게도 이득이다. 듣는 쪽에서 중간중간 정리해주면 말하는 사람도 이야기하기가 한결 편해진다.

"이 일을 하게 된 계기요? 본래는 영업사원, 아니다, 방문판매원으로 일을 했는데 상사가 할당량을 너무 많이 부과해서요.

그래서 아, 그렇지! 제가 본래 학창 시절에 밴드를 했거든요. 꽤 잘해서 정말 진지하게 그쪽으로 나갈 생각이었어요. 매달 라이브 공연을 하면 그때마다 50명이 넘는 관객이 찾아오고······. 저는 기타를 쳤어요. 사실 정말로 하고 싶었던 건 드럼이었지만."

"아~ 그때부터 악기 쪽과 인연이 있어서 이번에 악기 회사에 재취업하셨군요. 학창 시절의 꿈을 잊지 않고 새로운 분야에 도전하다니, 멋지네요."

"네, 맞아요! 어릴 때 꿈이 생각나서 '이왕 이직을 할 거면 내가 좋아하는 일을 해보자.' 하고 이 일을 시작했어요."

중간에 끼어들 때는 상대방이 '내 말을 가로챘구나.' 하는 생각이 들지 않게끔 하는 자연스러움이 필요하다. 또한 '당신 말이 횡설수설이라 무슨 얘긴지 모르겠어요.' 하는 느낌을 주지 않도록 말투에 신경을 쓰자. 연결이 조금 부자연스러워도 걱정할 필요는 없다. 요점을 정확하게 파악해주면 상대방은 '내 이야기를 잘 듣고 있구나'라며 만족할 것이다. 그 사람의 표정이 밝다면 요점 정리는 합격이다.

### 전문 인터뷰어가 애용하는 '5W1H' 질문 법

- Who(누가)
- What(무엇을)
- When(언제)
- Where(어디에서)
- Why(왜)
- How(어떻게)

'5W1H'란 정보를 전달할 때 필요한 여섯 가지 요소를 말한다. 흔히 '육하원칙'이라고도 하며, 내용을 알기 쉽게 전달해야 하는 신문기사를 작성할 때 꼭 지켜야 하는 원칙이기도 하다.

이 '5W1H'는 대화를 끌어가는 데도 아주 유용한 도구가 된다. 예를 들어 누군가가 "전에 물건을 도둑맞아서……"라고 말을 꺼냈다면 5W1H를 사용해 이렇게 질문을 할 수 있다.

"네? 도둑맞았다고요? 언제(When)요?"

"저번 주 일요일에요."

"뭘(What) 도둑맞았는데요?"

"지갑이 들어 있던 가방을 통째로 가져갔어요."

"세상에, 그런 어처구니없는 일이! 어디에서(Where) 그런 일을 당하셨어요?"

"○○역 플랫폼에서 전화통화를 하느라 가방을 잠깐 의자에 내려놨거든요. 통화를 마치고 의자를 봤더니 그새 사라지고 없었어요."

대화 사이사이에 '5W1H'를 묻는 질문이 적절히 위치해 있다. 과거에 벌어진 일의 전체적인 내용을 파악할 때 5W1H는 많은 도움이 된다. 상대방이 요점에 다가서지 못하고 헤맨다면, 이 여섯 가지 질문을 도구 삼아 이야기의 꼴을 다듬어보자.

## 푸념에 대처하는 올바른 자세

### 사람은 누구나 무조건적인 내 편을 원한다

"정말 화딱지 내 팀을 생각해서 역할을 분명하게 하자는데 누구 하나 듣지를 않아! 이 팀의 강점은 각자의 개성이라나? 개성 같은 소리 하네. 그게 개성인가? 이기적인 거지. 이대로 가다간 팀이 공중분해될 거라고!"

친구가 평소와 다르게 화가 많이 나 있다. 내가 평소에 아끼는 친구고, 아주 가까운 사이다. 씩씩대며 감정을 토해내는 친구에게 당신은 어떤 말을 할 것인가?

가까운 누군가가 감정이 격앙되어서 냉정함을 잃었다면 일단은 옳고 그름을 판단하지 말자. 우선은 상대방의 격한 감정을 있는 그대로 받아들여야 한다. 이때 중요한 것은 '무조건 응원하는 자세'다.

인간은 자신의 말과 행동을 온전히 이해해주는 사람에게 애정을 느낀다.

물론 그 사람이 옳지 않을 수도 있다.

"너는 좀 고지식한 면이 있어. 일단 팀원들이 원하는 대로 놔둬보는 게 어때?"

이런 조언이 입에 맴돌지도 모른다. 하지만 하고 싶은 말이 있어도 꾹 참고 '나는 언제나 너를 이해한다'라는 자세를 무너뜨리지 말아야 한다. 조언은 그 사람이 감정을 가라앉히고 남의 말에 귀 기울일 여유를 되찾았을 때 해도 늦지 않다. 그 전까지는 입바른 소리가 목 끝까지 차올라도 그냥 꿀꺽 삼켜버리자.

물론 쉬운 일이 아니다. 이런 반응은 상대에 대한 '애정' 없이는 불가능하다. 그리고 바로 그런 이유 때문에, 누군가가 이런 반응을 보여주면 사람들은 자신이 사랑받고 있음을 강하게 느낀다.

자, 앞의 사례로 돌아가자.

친구가 크게 화를 내고 있다. 화가 잦아들 때까지 "그래그래", "응, 맞아", "그렇겠지." 하고 무조건 받아주고 수용해준다.

당신이 포용하고 공감해주는 동안, 전속력으로 내달리던 친구의 감정도 조금씩 속도가 느려진다. 어느 순간 잠시 멈춰 숨을 돌리는 순간이 찾아오면 친구는 뒤를 돌아보게 될 것이다. 그리고 자신의 생각이나 태도에 혹시 문제가 없는지 스스로 점검하게 된다.

**"근데, 정말 나만 이렇게 생각하는 걸까? 팀원들 의견에도 일리가 있는 것 같아? 내가 너무 융통성이 없는 건가?"**

이제 타인의 의견을 받아들일 준비가 되었다는 신호. 이런 신호가 떨어지면 그때 비로소 내 의견을 부드럽게 제시하면서 등을 토닥이자.

**"네 입장에서는 그렇게 생각할 수 있지. 그런데 100퍼센트**

확신이 들지 않는다면, 한 번쯤은 팀원들과 타협점을 찾아봐야 하지 않을까?"

친구는 분명 "그래, 그게 좋겠어"라고 수긍할 것이다.

조언은 문자 그대로 '돕는 말'이다. 그 사람이 평정을 되찾았을 때, 공격이 아닌 도움으로 받아들일 수 있을 때 건네는 것이 철칙이다.

## 감정의 쓰레기통이 아닌 '피뢰침'이 되기

가족이나 연인, 친구 등 가까운 사이에는 하루 동안 있었던 힘든 일, 불만, 걱정 등 소위 '푸념'을 늘어놓는 일이 흔하다. 누군가가 내게 푸념을 한다면 나에게 속마음을 보여준다는 의미이니 귀담아 들어줄 필요가 있다. 하지만 때로는 그 사람의 스트레스가 내게 그대로 전이된다는 느낌을 지울 수가 없다.

남들의 푸념을 들어줄 때는 다음의 네 가지에 주의하자. 이 원칙만 잘 지키면 괜한 불똥이 튀어서 정신적으로 피로해지는 것을 예방할 수 있다.

1. 다정하게 듣는다.
2. 푸념하는 사람을 부정하거나 비판하지 않는다.
3. 푸념의 대상을 변호하지 않는다.
4. 푸념을 내 안으로 흡수하지 않는다.

앞에서도 언급했듯이, 상대방이 감정적인 상태일 때는 무조건 받아주어야 한다. 말하는 사람을 비판하지 말아야 하며, 푸념의 대상을 감싸는 일은 특히 금물이다. 상대방은 객관적인 판결을 원하는 것이 아니다. 그저 "그래, 그렇지." 하고 들어만 주어도 충분하다.

그렇다고 온몸으로 푸념을 받아들이면, 다시 말해 상대의 입장에 완전히 몰입하면, 그 스트레스가 모두 내 몫이 되고 만다. 네 번째 원칙인 '푸념을 내 안으로 흡수하지 않는다'가 그래서 중요하다.

누군가가 내게 불평불만을 쏟아내면 그 '부정적인 에너지'를 발밑으로 모아 땅바닥으로 흘려보낸다고 생각하자. 즉, 감정의 '쓰레기통'이 아닌 '피뢰침'이 되어야 한다는 이야기다.

상대의 날카로운 분노가 나를 향해 올 때는 스스로 피뢰침이 되었다고 상상하면서, 그대로 모아 바깥으로 흘려보내라. 사실 상대방이 원하는 것도 바로 이것이다. 나까지 덩달아 감정적이 되어 가시를 세운다면 그 사람도 말하기가 부담스러워진다.

핵심은 진심으로 반응하되, 편안한 태도를 유지하라는 것이다. 어떤 상황에서든 상대에 대한 관심과 애정을 잃지 않는다면 신뢰가 무너질 일은 없다.

7장에서 소개한

## 제대로 반응하는 법

- 대화의 랠리에서는 '경험담'이 좋은 소재가 된다.

- 대답할 때는 '응', '아니' 다음에 부연 설명 한마디를 덧붙이는 습관을 들이자.

- 낯선 어휘가 나오거나 상대방이 특정 단어를 자주 사용하면 나도 그 단어에 대화의 초점을 맞추도록 하자.

- 대화 도중 상대방이 구체적인 숫자를 말한다면, 그 이야기에 특별히 감정을 실어 반응해주길 원한다는 신호다.

- 침묵의 순간을 성급하게 깨뜨리지 말자. 상대방이 할 말을 생각 중일 때는 편안한 태도로 잠시 기다려주자.

- 두서없이 말하는 사람의 이야기에는 잠시 개입하여 정리정돈을 해줄 필요가 있다.

- 지인이 흥분한 상태로 이야기를 쏟아놓을 때는 무조건 수용해주자. 조언은 상대방이 평정을 되찾았을 때 하는 것이 철칙이다.

- 누군가가 푸념을 늘어놓으면 '나는 피뢰침이다'라고 생각하면서 이야기를 발밑으로 모아 흘려보낸다.

- 제 8 장 -

# 누구와도 절친처럼
# 얘기 나눌 수 있는
# 만능 대화법

> **"**
> '잡담'은 짧은 시간 내에
> 친근감을 형성하는
> 가장 좋은 방법이다.**"**

## 대화를 시작하는
## 가장 좋은 방법, '잡담'

### 모르는 사이에도 편하게 나눌 수 있는 이야기

"직장은 어디십니까?", "어느 대학을 나오셨습니까?", "여자친구
는 있으십니까?"

처음 만났거나 몇 번 만나지 않은 사이에 느닷없이 사생활을 캐
물어 보는 경우가 종종 있다. 상대방을 더 잘 알고 싶다는 마음은
이해하지만, 성급함은 금물이다. 갑자기 이런 개인적인 영역을
파고들면 사람들이 경계심을 품을 수도 있다.

그렇다고 처음 만나 사무적인 대화만 나눌 수도 없는 노릇이다.
말을 너무 아끼면 '나랑 별로 얘기하고 싶지가 않은가?', '나를 무
시하나?' 하는 오해를 살 수 있다. 특히 업무 관계로 만났을 때는
유의해야 한다. 신규 거래처에 갔는데 간단한 인사만 나누고 쭉
침묵을 지키다가 갑자기 본론으로 들어가는 것은 적절치 못한
처사다.

내가 '경계해야 할 적이 아님'을 자연스럽게 전달하면서 짧은 시
간 내에 친근감을 주려면 '잡담'이 가장 좋은 방법이다. 사적인
부분을 전혀 몰라도 나눌 수 있는 무난한 대화가 바로 잡담이기
때문이다. 잡담의 한자 '잡(雜)'은 대략적이고 잡다하다는 의미
가 있다. 상대방을 잘 알지 못해도 충분히 나눌 수 있는, 그야말

로 잡다한 이야기가 바로 잡담이다.

잡담에는 이렇게나 많은 장점이 있다.

- 서로의 경계심과 긴장감을 풀어준다.
- 결론을 끌어낼 필요가 없어 의견 대립이 일어나지 않고, 그래서
  정신적으로 피로하지 않다.
- 상대의 성품이나 관심 분야를 가늠할 수 있다.
- 자연스럽게 나의 인품을 드러낼 수 있다.
- 상대에게 넌지시 호의를 표현할 수 있다.

## 심리 테스트보다 정확하게 속내를 읽는다

본격적인 경기에 앞서 준비운동을 충분히 해주면 혈액순환이 활발해지고 근육이 이완되어 부상을 막을 수 있다. 마찬가지로 대화에서도 본론에 들어가기에 앞서 잡담을 나누며 분위기를 적절히 조성하면 한층 실속 있는 성과를 거둘 수 있다.

"스타벅스에서 요즘 커피 한 잔에 5,000원이 넘던데, 생각해
보면 사치품이나 다름없는 것 같아요."
"그러게 말입니다. 저는 그냥 사무실에서 마시는 인스턴트커피로
만족합니다. 대신 스타벅스는 분위기도 좋고 직원들 서비스도
좋죠."

"네, 그렇죠. 거기서 여유롭게 혼자 시간을 보낼 수도 있고, 공부하거나 일을 할 수도 있고, 또 음악을 감상할 수도 있고……. 어떻게 보면 커피도 커피지만, 스타벅스는 공간을 파는 곳이라고 봐야겠네요."

"공간을 판다……, 맞는 말씀입니다. 그러니 그냥 커피만 사 가는 저 같은 사람한테는 값 좀 깎아줬으면 좋겠네요(웃음)."

"네, 저도 그랬으면 좋겠습니다(웃음)."


1~2분의 짧은 잡담이지만 상대방의 금전 감각과 가치관을 엿볼 수 있다. 잡담은 우리의 생각 이상으로 한 사람의 '속내'를 여실히 드러낸다. 미리 파악해두고 싶은 그 사람의 성향이나 소신 등을 잡담을 통해서 슬쩍 엿보고 나면 본격적인 대화를 나눌 때 참고할 수 있다.


## 《완전보존판》, 잡담 소재 모음집

### 잡다하고도 사랑스러운 일곱 가지 이야기 재료

'잡담이 필요하다는 건 알겠는데……, 그럼 구체적으로 무슨 이야기를 해야 하지?'

이런 생각을 하는 당신에게 지금 당장 써먹을 수 있는 잡담의 다양한 재료들을 소개하려 한다.

이야깃거리가 없어서 고민이라면, 언제 어떤 상황에든 잘 어울리는 대화 소재를 몇 개쯤 기억해두자. 사람들과 웃는 얼굴로 편안한 대화를 나눌 수 있을 것이다.

**1 일상**
일, 날씨, 건강, 계절, 예능, 뉴스, 동네, 교통
누구에게나 쓸 수 있고, 짧은 대화에 좋다.

**2 공통점**
나이 · 세대, 출신지 · 거주지, 공통의 친구 · 지인, 가족 구성
친근감을 주는 소재!

**3 음식**
음식, 음식점. 지역별 유명 음식, 음식 프로그램
의외로 신나는 주제~

**4 칭찬**
패션, 체형, 소질, 성격, 건강, 가족
칭찬을 마다할 사람은 없다!

**5 전문 분야**
전공, 직업, 취미, 특기
상대가 신나게 지식을 자랑하도록 해준다.

**6**
**즉흥
소재**

주변의 물건, 사람, 풍경, 사건

대화 소재가 떨어졌을 때도
무한 리필 할 수 있는 만능 소재.

**7**
**감정**

기쁨, 설렘, 우울함, 안타까움, 속상함 등의 감정

가까워지고 싶은 사람,
호감을 사고 싶은 상대에게 효과 만점.

이 일곱 가지 이야깃거리에 관해 이제부터 더 자세히 알아보자.

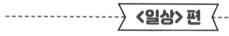

〈일상〉편

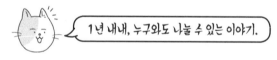

1년 내내, 누구와도 나눌 수 있는 이야기.

일단 아래 말을 기억하자.

**"일하는 날씨, 건강한 계절, 예능 뉴스, 동네 교통."**

'일', '날씨', '건강', '계절', '예능', '뉴스', '동네', '교통'이라는 각
각의 소재들을 외우기 쉽게 묶어둔 것이다. 이런 일상적인 화제

는 누구나 적당한 관심을 보이기 때문에 가볍게 입에 올리기 알맞다. 각각의 대화에서 유의할 사항들은 다음과 같다.

"요즘은 어떠세요, 바쁘세요?"
"경기는 좀 어떠십니까?"
"오늘은 쉬시는 날인가 보네요."

상대방의 직업을 아는 경우에는 이렇게 에둘러서 말문을 열자. 만약 직업을 모른다면 다짜고짜 어느 회사에 다니느냐고 묻기보다 완곡하게 돌려서 질문하는 편이 자연스럽다.

"실례지만, 어떤 분야와 관련된 일을 하십니까?"
"말씀을 참 잘하시네요. 혹시 말을 많이 하는 일을 하시나요?"
"어쩐지 외모에서 풍기는 분위기가 디자인 쪽 일을 하시는 분 같아요."

경우에 따라서는 업무상 자신이 하는 일을 명확하게 드러내기 어려운 사람도 있고, 자신의 직장이나 직급에 열등감을 느끼는 사람도 있다. 스트레스를 유발하지 않고 원만하게 대화를 나누려면 단도직입적으로 직업을 묻기보다 빙 둘러서 표현하는 편이 좋다.

완곡한 질문을 던졌는데 상대방이 긍정적으로 반응하면, 그때 더 자세히 물으면 된다.

 **날씨**

아마 인류 역사상 가장 오래된 이야깃거리가 아닐까 싶다.

"오늘 정말 너무 덥네요. 일사병 걸리겠어요."
"하늘이 어둡네요. 갑자기 비가 한바탕 쏟아질 것 같은데요?"
"큰 태풍이 오고 있다는 소식 들었어요? 별일 없어야 할 텐데 걱정이에요."
"무슨 바람이 이렇게 부는지 눈 뜨기도 힘드네요."

일기예보를 미리 확인해두면 "내일은 오늘보다 기온이 10도나 내려간대요." 같은 정보를 제공할 수 있다. 정확한 날씨 정보를 알아서 손해날 사람은 없다. "그래요? 내일 가족 나들이 가기로 했는데, 든든히 입어야겠네요." 하는 식으로 대화가 진행되어 이야기의 폭을 넓히기에도 좋다.

**계절**

때에 맞추어 변해가는 풍경들, 제철에 더욱 맛있게 먹을 수 있는 음식들, 계절에 따라 즐길 수 있는 스포츠……. 사계절은 이야깃거리가 가득한 보물 창고다.

"이번 주말이면 벚꽃이 절정이겠네요."

"비가 좀 내려줘야 할 텐데, 올해는 마른장마로 끝날 것 같습니다."

"어제 마트에 갔는데 벌써 과메기가 나왔더라고요."

"눈이 제대로 오네요. 보드 타기 딱 좋겠어요."

"곧 졸업 시즌이 다가오는군요."

"불금이네요. 신기하게 하나도 안 피곤한데…… 기분 탓이겠죠?"

요일, 날짜, 계절 등은 대화의 포문을 열기에 더없이 좋은 소재다. 만약 저녁 데이트를 앞두고 있다면 '달의 모양'을 잡담 카드 중 하나로 준비하면 어떨까. 공원 벤치에 앉아 달이 차고 기우는 모습에 대해 이야기 나눈다면 저절로 로맨틱한 분위기가 피어오르지 않을까?

**건강**

상대방의 건강을 염려하는 이야기를 꺼내면 '나를 생각해주는 구나.' 하는 인상을 줄 수 있다.

"건강은 좀 어떠십니까?"
"여전하신 것 같아 보기 좋네요."
"요즘 독감이 유행이래요. 감기 걸리지 않게 조심하세요."
"그때 이후 몸은 좀 괜찮아지셨어요?"
(상대방이 마스크를 하고 있으면) "혹시 꽃가루 알레르기 있으세요?"

만약 상대방과 내가 똑같이 꽃가루 알레르기 증상이 있거나, 혹은 똑같이 독감에 걸렸거나 한다면 주고받을 말이 훨씬 많아질 것이다.

단, 주의할 점이 있다. 걱정해주는 것은 좋지만, 겉모습에 대한 부정적인 표현은 삼가야 한다. 여성에게 "살이 좀 쪘네요?", "오늘 엄청 피곤해 보이시네요." 같은 말을 한다면 불쾌하고 신경이 쓰여서 그 다음 이야기는 귀에 들어오지도 않을 것이다. '살이 많이 빠졌다'는 말도 사람에 따라서는 부정적으로 받아들일 수 있으니 주의해야 한다.

뉴스

'신선한 정보'에는 사람을 끌어당기는 힘이 있다.

**"어제 수영 경기 보셨어요? ○○선수 정말 대단하던데요."**

만약 올림픽 같은 큰 대회가 열리는 시기라면 전국 어디에서나
이런 대화를 나눌 수 있다. 특히 금메달 획득 같은 밝은 뉴스는
함께하는 사람들의 기분을 덩달아 밝게 만들어준다.

누구든 듣고 '그런 일이 있었구나.' 싶을 뉴스라면 낡은 정보가
되기 전에 두루두루 공유해보자.

**"다음 주에 애플사가 신제품을 내놓는대요. 광고만큼 대단한
제품일지 궁금하네요."**

**"어젯밤 다섯 명이나 사망한 교통사고 소식 들으셨어요?
운전자가 음주 운전이었대요. 정말 음주 운전 처벌 좀 강화
됐으면 좋겠어요."**

**"○○사와 △△사가 합병을 하다니, 충격적이네요."**

**"어제 지진 느끼셨어요? 저는 집에 있었는데 식탁이 덜덜
흔들리더라고요."**

상대방의 나이, 성격, 관심사, 현재 상황 등에 맞추어 뉴스 기사
를 고르면 관심이 증폭되어 한층 더 풍성한 대화를 나눌 수 있다.

**예능**

텔레비전 프로그램이나 연예 뉴스 등은 내가 실제로 아는 사람의 이야기가 아니어서 잡담 소재로 삼기에 부담이 없다.

"○○하고 △△이 결혼 발표를 하다니, 정말 예상 못했어요."
"○○씨가 암을 극복하고 복귀했대요."
"이번 주에 ○○라는 예능 프로그램 새로 시작한대요. 아주 재밌을 것 같아요."
"어제 드라마를 보는데 ○○ 얼굴이 부쩍 나이 들어 보이더군요. 한때는 우리나라 대표 미남이었는데, 세월이 아쉬워요."

근거 없는 연예인 험담은 말하는 사람의 수준을 의심하게 만들지만, 이 정도 수준의 짧은 잡담은 얼마든지 허용된다. 적절한 선에서 짧게 활용해보자.

**동네**

"저기 역 앞에서 공사 중이던 가게가 드디어 오픈하나 봐요."
"오면서 보니까 불법주정차 차량을 대대적으로 단속하고 있네요."
"며칠 전에 ○○동에 갔는데 음식점 이름이 '세계에서 제일

맛있는 라면 가게' 더라구요. 가게 주인 자부심이 대단한가
봐요."

만약 사는 동네가 같거나, 같은 지역을 둘 다 자주 찾는다면 가게
정보가 유용한 소재가 된다. '간판', '할인 행사', '개장 공사', '폐
점 세일' 등 작은 변화에 안테나를 세우고 다니면 사람들이 솔깃
할 만한 정보를 어렵지 않게 얻을 수 있다.
혹은 특정 동네에서 느낀 점을 그냥 솔직하게 말하는 방법도 있
다.

"이 동네는 학생들이 많네요."
"저쪽 골목을 지나오는데 고기 굽는 냄새가 진동하더라고요."
"저 은행나무 아주 오래된 것 같아요. 근사하게 물들었네요."

그러면 상대편도 동의를 하거나, 자신의 소감을 밝히거나, 혹은
자신이 아는 정보를 나누면서 대화가 새롭게 이어진다.

"며칠 전에 ○○동에 갈 일이 있었는데 도로를 새로 깔아서
그런지 시간이 많이 단축되더군요."

"다음 주에 ○○에 가야 하는데 요즘 그 지역 축제 기간이더라고요. 기차표가 있을지 모르겠습니다."

"○○항공에서 광고를 많이 하네요. 요새 저가항공사를 잘만 이용하면 아주 괜찮대요."

자동차, 지하철, 버스, 비행기……. 흔히 이용하는 교통수단도 잡담 소재가 될 수 있다. 그리고 이 교통수단을 이용하는 사람들에게로 시선을 돌리면 더 많은 이야깃거리가 눈에 들어온다.

"오늘 아침에 전철 안에서 어떤 회사원이 자리에 앉자마자 화장을 시작하더라고요. 그런가 보다 했는데 세상에, 내릴 때는 완전히 딴 사람이 됐지 뭐예요(웃음)?"

"저번에 버스에서 아주 감동적인 광경을 봤어요. 어떤 노부부가 나란히 앉아 있는데, 할머니가 꾸벅꾸벅 조니까 할아버지가 어깨를 자연스럽게 빌려주는 거예요. 저도 그렇게 늙고 싶다는 생각이 들었어요."

익숙한 장소 안에서의 낯선 풍경. 놀랍거나 재미있거나 감동적인 장면은 사람들의 공감을 충분히 끌어낼 수 있다.

## ───────────── ⟩〈공통점〉편⟨ ─────────────

유대감을 은근슬쩍 자극하면 친근감이 생겨난다.

누군가를 처음 만났는데 그 사람이 나와 공통점이 있다면 어쩐지 친근감이 든다. 인간은 자신과 비슷한 사람에게 호의를 품는 경향이 있는데, 심리학에서는 이를 '유사성의 원리'라고 설명한다.

대화에 활기를 불어넣고 싶다면 서로의 '공통점'을 강조해보자. 처음 만난 사람도 잘 아는 사이처럼 가깝게 느껴질 것이다.

"20대 때는 어떤 음악을 주로 들으셨습니까?"

"U2를 좋아했습니다. 대학 생활을 U2와 함께했다고 해도 과언이 아니죠."

"어, 저도 U2 팬인데! 저도 1980년대 중반에 U2 음악 정말 많이 들었거든요."

"그러세요? 저와 세대가 같으시네요."

"신기하네요. 그거 아세요? U2 올해 연말에 내한공연 예정돼 있는 거요."

"당연하죠. 어떻게든 갈 겁니다."

나이가 비슷하거나 같은 경험을 공유한 사이일수록 이야깃거리가 풍성해지게 마련이다. 위의 대화에서는 나이를 대놓고 물어보는 대신 '좋아하는 음악'을 소재로 삼아서 자연스럽게 서로의 공통점을 확인했다. 공통점을 찾기 쉬운 소재로는 다음과 같은 것들이 있다.

### 출신지·거주지

"어? 저도 어릴 때 ○○ 근처에 살았는데."
"○○학교라고요? 저 그 학교 나왔어요!"

대화 도중 이런 얘기가 나왔다면 두 사람은 뭔가 '인연'인 듯한 느낌을 받는다. 서로에 대해 더 잘 알기 위해 적극적인 질문이 오가기 시작한다.

"○○동에 사세요? 대학 시절에 저도 그 동네에 살았어요. △△빌딩 지하에 있던 □□커피숍이 거의 아지트나 다름없었는데. 그 가게, 아직도 있나요?"

이렇게 추억까지 소환하면 이야기는 꼬리에 꼬리를 물게 된다. 서로의 어린 시절, 학창 시절로 타임머신을 타보는 건 어떨까.

## 공통의 친구·지인

"혹시 A와 아는 사이세요?"
"○○사의 B씨라고, 혹시 아십니까?"

친구의 친구는 곧 내 친구! 공통의 친구가 있으면 가치관이 비슷하다는 의식이 생겨서 친근감이 급상승한다.

"C와는 어떻게 친해지셨어요?"
"친구지만 D는 정말 본받을 점이 많아요. 생각이 아주 깊은 친구예요. 전에 한번은……."

이렇게 서로 잘 아는 사람의 이야기를 하다 보면 각자의 '스토리'를 풀어놓게 되어 새로운 방향으로 대화가 전개될 수 있다.

## ♡ 가족

초면인 상대에게는 가능하면 가족이나 결혼 여부, 자녀 이야기 등을 캐묻지 않는 편이 좋겠지만, 그렇다고 절대 물어봐선 안 된다고 선을 그을 필요도 없다.

상대방 남자가 결혼반지를 끼고 있다면 애처가이거나 가족을 많이 생각하는 사람이라고 추측해볼 수 있다. 이럴 때는 일단 "반지를 끼신 걸 보니 결혼하셨나 보네요." 하고 상대의 관심을 결혼 쪽으로 유도해보자. 상대방이 "네, 딸도 두 명이나 있습니다." 하며 자연스럽게 이야기를 받으면 가족에 관한 이야기를 나누어도 좋다는 신호로 볼 수 있다. 만약 반응이 뜨뜻미지근하다면 가족 이야기에 굳이 머물지 말고 다른 화제로 바꾸면 된다.

잡담은 '격식에 얽매이지 않고 자유롭게 나누는 이야기'다. 상대방의 반응에 일일이 연연하거나 너무 진지하게 받아들일 필요가 없다.

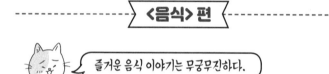

## 〈음식〉편

즐거운 음식 이야기는 무궁무진하다.

"혹시 매운 음식 잘 드세요?"

"아유, 너무 좋아하죠. 저는 라면에도 청양고추 넣어 먹어요."

"동지를 만났네요. 요즘 들어 매운 음식이 그렇게 좋더라고요. 혹시 매운 음식 잘하는 곳 아시면 귀띔 좀 해주세요."

"음……. 요즘 마라탕이 유행이잖아요. 홍대에 잘하는 집이 있다고 해서 가봤는데 정말 괜찮았어요."

"오, 마라탕은 아직 도전 못해 봤는데. 이게 중독성이 있다면서요? 꼭 한번 가봐야겠어요."

두 사람은 순식간에 의기투합했다. 음식이나 음식점, 먹자거리, 지역별 유명 음식, 음식 프로그램 등에 관한 정보는 누구든 흥미를 보이기 때문에 잡담을 나누기에 좋다.

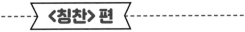

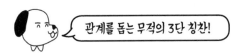

"넥타이 색이 아주 멋지네요."

"이거요? 실은 딸아이가 생일 선물로 준 거랍니다."

"지금 입고 계신 재킷과 참 잘 어울립니다. 재킷이 짜임도 독특하고, 질이 참 좋아 보여요."

"딸아이가 꼭 이렇게 입으라고 해서요. 아주 아빠한테 간섭이 심합니다(웃음)."

"따님이 아빠를 많이 사랑하나 봐요. 부럽습니다."

위의 예에서는 넥타이(물건)로 시작해서 상대방의 옷차림(능력, 감각)과 자녀(소중한 사람)로, 3단계에 걸쳐 칭찬을 연결했다. 이런 칭찬을 받으면 누구라도 기분이 좋아져서 말이 많아질 수밖에 없다.

내가 아는 누군가는 무뚝뚝한 인상이 늘 고민이었다. 그래서 '사람을 만날 때마다 한 번이라도 꼭 칭찬하기'를 실천했더니 연락을 주고받는 가까운 지인이 두 배로 늘었다고 한다. 다른 건 아껴도 칭찬만큼은 아끼지 말아야 하는 법이다.

그런데 칭찬을 자주 하라고 조언하면, 입에 발린 말이나 남들 비위 맞추는 말은 아부하는 것 같아서 적성에 안 맞는다고 손사래를 치는 이들이 있다. 마음에도 없는 소리를 하자는 얘기가 아니다. 잘 보이려고 거짓으로 아첨을 하면 상대도 금방 알아차린다.

칭찬은 거창할 필요가 없다. '귀걸이가 예쁘다'거나 '중저음 목소리가 듣기 좋다', '책상 정리를 잘한다' 등 눈에 보이고 느껴지는 그대로 상대의 매력을 표현하면 된다. 그것이 곧 칭찬이다.

그런 진솔한 말을 들으면 어지간히 꼬여 있지 않은 한, 대부분은 칭찬해준 사람에게 호의를 느낀다.

아주 사소한 것이라도 좋다. 좋은 감정을 쌓고 싶다면 '내가 먼저 칭찬하기'를 실천해보자.

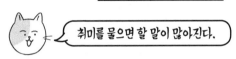

## 〈전문 분야〉 편

취미를 물으면 할 말이 많아진다.

긴 시간 동안 상대방이 신나서 이야기하도록 하려면, 그 사람의
취미나 특기를 소재로 삼으면 된다.

"좋은 카메라를 갖고 계시네요. 요즘 텔레비전 광고에 나오는
미러리스 카메라 아닌가요?"
"네, 알고 계시는군요. 최근에 발매된 신제품인데, 쓰기 편해서
마음에 드네요."
"그렇군요. 주로 어떤 걸 찍으세요?"
"요즘에는 풍경을 많이 찍어요. 그래서 주말이면 먼 거리도 마다
않고 여기저기로 출사를 나갑니다."
"좋으시겠어요. 저는 사진 찍는 법은 잘 모르는데, 저 같은
초보자도 풍경 사진을 잘 찍을 수 있을까요?"
"그럼요! 카메라를 조금만 만질 줄 알면 사진이 확 달라지죠.
여기 이 기능 보이시죠? 이걸 이렇게……."

사진을 찍기 위해 주말마다 멀리 출사를 나갈 정도니, 분명 사진
찍기에 푹 빠져 있는 사람이리라. 이런저런 질문을 던지면 아마

도 신이 나서 설명을 해줄 것이다.

이상적인 그림은, 대화를 나누는 도중에 자연스럽게 취미를 알게 되는 것일 테지만 꼭 그렇지 않더라도 "취미 생활은 좀 하십니까?", "혹시 즐기시는 취미라도……." 하고 직접 질문을 던져도 좋겠다. 혹은 내가 먼저 "저는 일주일에 두 번 정도 테니스를 배우러 다닙니다"라고 취미를 공개하는 방법도 있다.

취미라고 말할 만한 수준까지는 아니더라도 평소에 다양한 체험을 해두면 잡담의 범위가 넓어진다. 한 번밖에 해보지 못했더라도 "저는 딱 한 번 해봤는데, 균형을 잡기가 어렵더라고요." 하고 말을 이어나갈 수 있으니 말이다. 어떤 경험이든 잡담에는 무조건 득이 된다.

## 〈즉흥 소재〉 편

주변을 둘러보면 바로 거기에 이야깃거리가~

업무상 식사 자리에 참석 중이다. 생각해뒀던 대화 소재는 바닥이 났다. 딱히 떠오르는 말도 없고…… 이제 무슨 말을 해야 할까?

걱정할 필요 없다. 주위를 둘러보자.

"저기 걸려 있는 그림은 유화겠죠?"

"그런 것 같은데요? 건물을 묘사한 걸 보니 프랑스 남부 쪽 풍경이 아닐까 싶네요. 색감도 따뜻하고, 마음을 차분하게 해주는 그림이군요."

"그러고 보니 이 가게도 프랑스의 전원 마을 같은 분위기네요."

"네. 대들보를 드러낸 천장도 그렇고, 느낌이 좋습니다."

시선이 닿은 그림을 가볍게 언급함으로써 잡담의 내용이 풍성해 졌다. 대화는 살아 있는 생명체와 같다. 즉흥적으로 내뱉은 한마 디가 계기가 되어 생각지도 못한 방향으로 대화가 전개되는 일 이 부지기수다.

'나는 순발력이 떨어져서 즉흥적으로 하는 건 못해.'

겁먹을 필요 없다. 주변을 돌아보고 눈에 띄는 것을 입에 담으면 된다. 성공 확률은 의외로 높다. 이 방법을 알면 지하철역도, 카 페도, 하늘도, 거리의 행인도, 눈에 띄는 모든 것이 이야기 소재 로 바뀐다. 아무렇지도 않은 듯 자연스럽게 말을 꺼내기만 하면 된다.


"저 시계는 디자인이 특이하네요."

"저 여직원, 배우 ○○ 닮지 않았어요?"

"냉면 개시라고 써놓은 걸 보니 여름이 오긴 왔구나 싶네요."

"저쪽에 청바지 입은 남자, 몸집이 커서 그런지 스테이크를
엄청나게 먹네요."

본인에게 들릴 정도로 크게 말한다면 실례겠지만, 시야에 들어
온 타인을 가볍게 논하는 정도는 애교로 봐줄 수 있다.

흔한 대화 속에 감정을 슬쩍 담아보자.

"입사하고 2년 만에 점장이 되다니, 대단하네!"
"감사합니다. 이례적인 경우여서 저도 좀 놀랐습니다. 그런데
문제가 많아서 고민입니다. 제가 맡은 곳이 20개 점포 중에서
성적이 제일 나쁘거든요."
"아, 그렇군. 힘든 점포를 맡아서 자네가 스트레스를 많이
받겠구먼. 하지만 너무 낙담하지 않았으면 좋겠네. 바닥에서
시작하니까 이제 올라가는 일만 남지 않았는가?"
"그렇게 말씀해주시니 마음이 조금 가벼워집니다."

일에서도 취미에서도 공통점이 없는데 어쩐지 친근함이 느껴지

는 사람. 그런 사람이 있다면 서로 '감정'을 공유하고 있는지도 모른다. 앞의 예에서 두 사람이 공유한 것은 '승진했다는 기쁨과 미래에 대한 불안'이라는 '감정'이다. 감정을 나눈 사람들의 대화는 한 단계 더 깊어지게 마련이다. 아마도 두 사람은 이 대화에 이어 '어떻게 하면 판매량을 증가시킬 수 있을까?'를 의논하지 않았을까 싶다.

무언가를 고민 중인 사람은 그 고민을 누군가에게 털어놓기만 해도 마음이 가벼워지는 법이다. 이때 고민을 들어준 사람이 "맞아, 그럴 때는 참 힘들어", "그래, 그렇겠지." 하고 공감한다면 잠시 동안일지라도 푹신한 마음의 베개 역할을 해줄 수 있다. 똑 부러진 해결책을 제시하지 못해도 진지하게 들어주고 감정을 헤아려주기만 한다면 상대방은 충분히 만족하리라.


전체 내용을 공감하지 못해도 괜찮다. '일부분'만 공감해줘도 충분하다.

가령 동료가 업무 중 큰 실수를 저질렀다고 해보자. 이 사람의 일 처리 방식에는 공감할 수 없을지 모른다. 하지만 상사가 자세한 사정도 듣지 않고 다른 직원들 앞에서 고함을 지르는 바람에 느꼈을 억울함과 무안함은 얼마든지 공감해줄 수 있다.

그렇다면 그 부분에 집중하여 "그런 식으로 사람을 몰아세우면 안 되지. 너무했네……." 하고 공감하면 된다.

# 세계 공통, 건드리면 위험한 이야기

## 논쟁의 씨앗이 될 수 있는 NG 화제

"오늘이 선거 날인데, 투표하셨어요?"

"네? 아니요……. 안 했는데요."

"투표는 해야죠. 나라의 방향을 정하는 중요한 날인데. ○○당이
지금처럼 엉망진창인 상황에서는 나라가 제대로 운영될 수가
없어요. 아직 시간이 있으니까 꼭 투표하세요."

아무리 가까운 사이라도 이런 식으로 정치 성향을 앞세워 훈수
를 두면 반발만 살 뿐이다. 민감한 사안이라 자칫 논쟁으로 번질
우려가 있다.

'반드시 투표를 해야 한다', '여당, 혹은 야당이 엉망이다'라는 소
리는 본인의 가치관일 뿐이다. 사실 '투표를 하지 않는 것'은 위법
이 아니며, 경우에 따라서는 소신에 따라 '투표하지 않겠다'라는
선택을 할 수도 있다. 어느 당을 지지하느냐는 이보다도 훨씬 더
민감한 이슈다. 섣불리 상대방을 설득하려 들었다가는 '다시 얘기
하고 싶지 않은 사람'으로 낙인찍힐 수도 있다.

그러므로 논의하는 자리가 아닌 이상 종교, 정치, 사상에 관한 이
야기는 피하는 것이 상책이다. 역사상 이념의 차이로 나라 사이

에 전쟁까지 일어났을 만큼 이런 주제는 배타성이 강하다.

정치색이 강한 문학이나 예술, 각자가 신념을 가지고 참여하는 종교 활동 등의 이야기도 피하는 편이 좋겠다. 이야기가 왠지 이런 쪽으로 흘러갈 조짐이 보인다면 넌지시 방향을 트는 편이 현명하다.

## 살아 있는 대화를 틀에 가두지 말라

'말을 잘해야 해', '반드시 저 사람 마음에 들어야 해', '재밌는 말로 웃겨야지'.

대화에 서툰 사람들은 '완벽한 대화란 이러이러해야 한다'라고 규정짓는 경향이 있다. 하지만 앞서 언급했듯이 대화는 살아 있는 생명체와 같다.

상대방에 따라서, 때와 경우에 따라서 자유자재로 모양을 바꿔가는 것이 대화다. 대화에 완벽한 형태란 있을 수 없다.

만약 상대가 진지한 이야기를 나누고 싶어 한다면, 당신이 생각하는 '대화란 즐겁게 웃으면서 해야 한다'라는 이상은 방해만 될 뿐이다. 확고한 이상에 얽매여 있으면 타인이나 자신을 자꾸 판단하고 비판하게 된다. '이 사람은 대화를 참 재미없게 하네', '나는 왜 이렇게 말을 재치 있게 못할까?'

내가 내 목을 조르는 꼴이다.

'대화는 이렇게 해야 한다'라는 고정관념을 버리자. 완벽함을 내려놓으면 압박감에서 해방되어 상대방과 그 상황에 집중하게 된다. 그럴 때 오히려 더 즐겁고 충실한 대화를 나눌 수 있다.

8장에서 소개한

## 잡담의 기술

- 본론에 앞서 잡담으로 공기를 따뜻하게 데우면 긴장을 풀 수 있다..

- 날씨, 계절, 뉴스 등 일상에 관한 잡담은 언제 어디서나 부담 없이 나눌 수 있다.

- 상대방과 공통점을 찾고 싶다면 나이, 출신지, 공통의 지인 등에 관해 질문을 던져보자.

- 잡담을 나누기에 음식처럼 좋은 소재도 없다.

- 칭찬은 거창할 필요가 없다. 눈에 보이고 느껴지는 대로 사소한 칭찬을 먼저 건네보자.

- 상대의 취미나 특기를 화제로 삼으면 몇 시간이고 잡담을 나눌 수 있다.

- 대화 소재가 떨어졌다면 주변을 돌아보고 느낀 점을 즉흥적인 소재로 삼아 편안하게 입에 올리면 된다.

- 희로애락의 다양한 감정을 공유하면 심리적인 거리가 가까워진다..

- '종교', '정치', '사상'은 잡담 소재로 피하는 것이 상책이다.

# 3부

# 인생이 순탄해지는
# '한마디'

- 제 9 장 -

# 또 만나고 싶게 하는,
# 첫 만남 대화법

" 첫 만남에는
인상적인 자기소개를
준비하라. "

# 첫 만남의 순간,
# 어색함을 이기려면?

## 어색한 미소가 무표정보다 낫다

사람을 처음 만나 이야기를 나눌 때 가장 중요한 것을 꼽으라면, 나는 주저하지 않고 '웃는 얼굴'을 고르겠다. 실제로 한 매체에서 '첫인상이 좋은 경우'에 대해 설문한 결과 '웃는 얼굴로 말하는 사람'이 1위로 뽑혔다고 한다.

'재미있지도 않은데 어떻게 웃어? 웃겨야 웃지.'

이렇게 생각하는 사람도 물론 있겠지만 '사람들은 행복해서 웃는 것이 아니라, 웃어서 행복하다'라는 명언을 기억하라. 프랑스의 철학자 알랭 바디우(Alain Badiou)가 한 말이다. 이 말은 인간이 '감정을 조절할 수 있음'을 암시한다. 그러니 일단은 웃자. 웃으면 마음도 덩달아 밝아져서 내가 발산하는 분위기가 한층 부드러워진다. 누군가를 처음 만나면 보통 긴장을 하게 되는데, 얼굴에 웃음을 띠는 순간 불안과 긴장이 사그라드는 걸 느낄 수 있을 것이다.

"비관주의는 기분의 산물이고, 낙관주의는 의지의 산물이다."

역시 철학자 알랭이 남긴 말이다. 낙관적인 사람이 되고 싶다면 그럴 의지를 가지고 노력해야 한다는 뜻이다.

단, 억지스럽거나 과장된 웃음은 부담스러워 보일 수 있으니 작은 미소를 유지할 것을 권한다. 여기서 팁이 있다면 귀여운 아기나 강아지를 보았을 때 저절로 흘러나오는 미소를 떠올리라는 것이다. 건너편에 자신이 좋아하는 귀여운 동물이나 아기가 있다고 상상해본다면 자연스러운 미소가 지어질 것이다.

혹여 스스로 좀 어색하게 느껴진다 해도 괜찮다. 멋쩍고 어색한 웃음은 순수한 모습으로 비춰서 대부분의 사람들은 긍정적으로 받아들인다.

## 긴장감을 없애려면 자기소개를 활용하라

'처음에는 차갑고 도도해 보였는데, 알고 보니 의외로 서글서글하더라.'

'첫인상은 좀 예의 없는 사람 같았는데, 사실 꽤 진중한 사람이더라.'

이렇게 첫인상이 뒤집힌 경험이 다들 있을 것이다. 인간은 누구나 잘 알지 못하는 대상에 경계심을 품는다. 혹시 나에게 해가 되는 사람은 아닐까 하는 불안감을 느끼는 것이다. 이는 동물적인 방어본능에서 비롯된 자연스러운 현상이다.

그래서 우리는 처음 만난 사람이 어떤 유형인지 정확히 파악하기 전까지 머뭇거리게 된다.

'이 사람은 어떤 사람일까? 이런 얘기를 하면 싫어하려나?'

이렇게 걱정이 앞서면 대화를 즐길 수 없고, 상대방에게도 그런 감정이 전해져서 서로 어색해질 수밖에 없다.

첫 만남에서 이런 식으로 감정을 소모하지 않을 좋은 방법이 있다. 바로 '저는 이러이러한 사람입니다'라고 먼저 자신을 소개하는 것이다.

**"제가 인상이 좀 험하죠? 생긴 건 이래도 실은 아주 소심한 성격입니다. 사실 지금도 긴장해서 등에 땀이 다 나네요. 하하하."**

만약 상대방이 이런 식으로 자기소개를 해온다면 경계하던 마음이 저절로 풀어질 것이다. 한편으로는 이 사람의 긴장을 풀어주고 싶다는 배려심이 샘솟는다.

**"저는 집순이라서 이렇게 외출하는 날은 정말 특별한 날이에요. 친구들이 '겨울잠 자냐'고 놀릴 정도거든요."**

이렇게 자신의 성향을 소개하면서 구체적인 예를 곁들인다면 그것이 발화점이 되어 재미있는 대화가 시작될 것이다.

나의 성격이나 특징을 먼저 재치 있는 몇 마디 말로 요약해서 표현해보자. 상대방도 여기에 호응하여 흥미로운 자기소개를 들려줄 것이다. 초면에 이 정도 대화라면, 아주 성공적이라 할 수 있지 않을까?

# 한 번 만나면
# 잊을 수 없는 사람이 되는 비결

## 강렬한 인상을 만들어주는 태그

'명함을 교환하기는 했는데 전혀 기억이 나질 않네……'

만나기는 했는데 기억에 남지 않는, 인상이 흐릿한 사람이 있다. 혹시 당신도 그런 경우는 아닌가?

공적이든 사적이든 소중한 만남의 자리에서 '한 번 만나면 잊히지 않는 인상적인 사람'이 되고 싶다면 나 자신에게 '태그'를 붙이자.

태그(tag)란 '나는 이러한 사람입니다.' 하고 나를 알기 쉽게 전달하기 위한 표식이다. 태그가 없는 자기소개는 기억에 남질 않아서 다음번 만남을 기약하기도 어렵고, 새로운 비즈니스 기회로 연결될 가능성도 떨어진다.

물론 '회사 내에서의 직함'도 일종의 태그다. 하지만 단순히 "저는 ○○회사의 김 과장입니다"라고만 해서는 아무런 힘이 실리지 않는다. 태그는 의외성이 있어야 하며, 구체적이야 기억에 남는다.

"행정공무원 ○○입니다"라는 딱딱한 소개보다 "매일같이 사람들 결혼도 시키고, 이혼도 시키는 ○○입니다"라고 자신의 일을 언급한다면 어떨까? '응? 그게 무슨 소리지' 하는 궁금증을 자아내면서 강렬한 인상을 줄 수 있다.

태그는 직업뿐 아니라 취미나 특기, 관심사에 대해서도 붙일 수 있다. 만약 "저는 건강에 신경을 많이 쓰는 편입니다"라고 말한다면 "아, 그렇군요." 하는 응답으로 대화가 끊길 가능성이 크다. 더 이상 궁금한 뒷이야기가 없기 때문이다.

하지만 "저는 마누카 꿀을 아침마다 한 숟가락씩 먹습니다. 건강을 생각해서요"라고 구체적으로 소개한다면 누구든 호기심이 일어날 것이다.

"마누카 꿀이 뭔가요?", "어디에 어떻게 좋아요?", "언제부터 드셨어요?", "가격은 얼마예요?", "맛은 그냥 꿀처럼 달콤한가요?" 이런저런 질문에 답하다 보면 대화가 쉬지 않고 이어진다. 그리고 'ㅇㅇ씨=마누카 꿀'이라는 태그가 완성되어, 다음부터 당신을 고유한 이미지로 떠올릴 수 있게 된다.

이미 짐작한 사람들도 있겠지만, 이렇게 태그를 붙일 때는 유의할 사항이 있다. 나의 태그를 궁금해하며 사람들이 질문을 쏟아낼 것에 대비해서 답변도 함께 준비해야 한다. 기껏 궁금증만 자아내고서 답변은 엉성하다면 용두사미 격이 되고 만다.

## 첫 만남에 줄 수 있는 세 가지 선물

처음 만난 사람에게 '이 사람, 또 만나고 싶다!'라는 생각 들게끔 하는 방법은 뭘까?

답은 간단하다. '기쁨'을 주면 된다. '내게 기쁨을 주는 사람'이라는 생각이 들면 누구든 또 만나고 싶어지는 법이다.

대화를 통해서 상대방에게 기쁨을 주는 방법에는 크게 세 가지가 있다.

1. 자기 얘기를 할 기회 제공하기.
2. 정보 제공하기.
3. 재미 제공하기.

1번 '자기 얘기를 할 기회를 제공한다'는 것은 곧 경청을 뜻한다. 상대방이 '하고 싶은 말'을 '하고 싶은 대로', '자기 속도로' 말하게 해주면 된다. 말하는 데 서툰 사람도 경청은 잘할 수 있다.

2번의 '정보'란 상대방을 위한 정보를 말한다. 예컨대 "점심 뷔페는 저번 주에 ○○동에 오픈한 △△이 잘해요. 구성이 알차고 일반 뷔페보다 재료가 아주 신선해요", "제주도 여행할 때는 ○○ 사이트를 이용해보세요. 다른 곳과 비교해봤는데 제주도 숙소는 여기가 제일 저렴하더라고요." 같은, 상대에게 도움이 되는 정보를 제공하는 것이다. 당신이 알고 있는 정보 가운데 상대방에게 도움이 될 만한 것이 있는지 한번 생각해보라.

3번의 '재미'란 '웃음'을 뜻한다. 재미있는 이야기나 어이없는 실수담으로 상대방을 웃게 만든다면 그 사람은 당신과 보낸 시간이 즐거웠다고 기억할 것이다.

당신은 셋 중에서 상대에게 무엇을 줄 수 있을까? 여기에 초점을 맞추고 대화의 방향을 미리 생각해본다면 한층 여유롭고 즐겁게 이야기를 나눌 수 있을 것이다.

## '지금'을 돋보이게 하려면 '지난번'을 언급하라

3개월 전 처음 만난 후 오랜만에 다시 만난 A씨. A는 당신에게 이렇게 말을 건넨다.

> "저번에 좋아하신다고 했던 ○○동 디저트 카페 말이에요, 며칠 전에 갔다 왔어요."

A는 처음 만났을 때 당신이 했던 말을 기억하고 그 이야기를 다시 꺼냈다. 어떤 기분이 들까? 아마도 당신이 한 말을 흘려듣지 않고 새겨두었다는 사실에 호감이 상승할 것이다.

'지난 대화'에 오간 이야기를 '지금 대화' 슬쩍 끼워 넣기. 여러분에게 강력히 추천하는 기술이다.

> "저번에 입은 정장도 멋지셨는데, 오늘 캐주얼한 차림도 근사하네요."
>
> "따님이 이제 유치원에 다니겠군요. 한창 예쁠 나이네요."
>
> "아, 그러고 보니 하와이는 잘 다녀오셨습니까?"
>
> "저번에 말씀하셨던 ○○은 그 후 어떻게 되었습니까?"

듣는 순간 '의외'라는 느낌을 주어 약간은 당황할지도 모르지만, 무엇보다 '나를 기억해주었구나!'라는 감동을 줄 수 있다. 단점보다는 장점이 훨씬 크다고 할 것이다. 만약 상대방이 강조했거나 신이 나서 한 이야기라면 효과는 더욱 커진다.

일 때문에 만난 사람이라면 상대방과 헤어진 후에 인상적인 이야기를 수첩이나 그 사람 명함 뒤에 적어두자. 이 작은 수고가 다시 만났을 때 심리적인 거리를 단번에 좁혀주는 디딤돌이 된다.

## 전문 지식도 얼마든 재미있는 얘깃거리가 될 수 있다

### 전문가일수록 '전문 용어'를 남발하지 말라

"어플리에이트를 할 때는 내부 대책과 외부 대책의 양면에서 SEO(Search Engine Optimization, 검색엔진 최적화) 대책을 실시해야 합니다. 키워드 대책으로는 1페이지에서 키워드를 하나로 좁혀야 하죠. 그리고 이건 기본 중의 기본인데, 타이틀과 h1 태그에 키워드를 넣어야 합니다."

인터넷 비즈니스에 정통한 사람이라면 모를까, 이 말을 듣고 바로 이해할 수 있는 사람이 몇이나 될까?

사람들은 흔히 자신의 전문 분야를 이야기할 때 상대방도 자기와 같은 수준의 지식을 갖고 있다고 착각한다. 그래서 당연하다는 듯이 전문 용어를 남발한다.

모르는 말이 나올 때마다 그게 무슨 뜻이냐고 끈질기게 물어보는 사람도 있겠지만, 아마 대다수의 사람들은 그냥 어색한 미소를 띤 채 이야기를 흘려듣게 되리라. 배려심이 없는 상대방에게 기가 죽거나 불쾌해져서 '이 사람은 순 자기 멋대로네.' 하고 판단할지도 모른다.

일이든 취미든 내가 잘 아는 분야를 설명할 때는 상대방이 이쪽 분야에 아무런 지식이 없는 사람이라고 전제해야 한다. 그러다 보면 상대방도 "아~ 그 단어가 그런 뜻이었군요.", "어, 저 그 얘기 들어봤어요." 하고 아는 척을 해올 것이다. 이때 "이야, 알고 계시는군요." 하면서 북돋아주고 끼어들 틈을 내주어도 좋겠다.

반복하여 말하지만, 이런 배려를 하려면 무엇보다 상대방에 대한 '애정'이 밑바탕에 깔려 있어야 한다. 애정이 담긴 태도는 언제 어디서나 후한 평가를 받는다.

## '내 분야'를 설명할 때 지켜야 할 두 가지

"주현 씨는 사회 보는 일을 많이 하셔서 그런지 사람들 앞에서 말씀을 참 잘하시네요. 저는 긴장해서 목소리도 떨리고 머리가 하얘지던데. 남들 앞에서 말을 잘하려면 어떻게 해야 할까요?"

당신이 주현 씨라 가정해보자. 위와 같이 누군가가 '말 잘하는 법'에 대해 묻는다면 어떻게 답해야 할까? "아이고, 저도 마찬가지예요." 하고 겸손해하기보다는 당당하게 전문 지식을 풀어놓는 편이 바람직하다.

> "그러시다면 이미지 트레이닝이 도움이 될 겁니다. 잠들기 전에 사람들 앞에서 조리 있게 이야기하는 자신의 모습을 구체적으로 떠올려보시겠어요? 성공했을 때의 이미지가 뇌에 각인되면 긴장을 덜 수 있거든요. 저도 이 훈련을 하고 나서 실수가 많이 줄었습니다. 속는 셈 치고 한번 해보세요."

아마 상대방은 진심으로 고마워하며, 이런저런 질문을 이어갈 것이다.

위의 예는, 듣고 싶어 하는 사람도 없는데 자기 자랑을 하는 경우와는 완전히 다르다. "사람들 앞에서 말을 잘하게 되는 방법이 있습니다. 그건 말이죠~" 하고 남들이 궁금해하지 않는 지식을 늘어놓는다면 눈치 없는 사람이다.

하지만 누군가가 특별히 알고 싶어서 요청하는 상황이라면 이야기가 다르다. 이럴 때는 '상대에게 도움이 될 절호의 기회'라는 생각으로 알고 있는 지식을 충분히 제공하는 편이 좋다.

이때 주의할 점은 두 가지다.

첫째, 전문 용어는 알기 쉬운 말로 바꿔서 전달하기.

둘째, 적절한 시점에 말을 끝내기.

전문적인 분야의 지식을 드러내면 사람들이 고개를 끄덕이며 '대단하다'는 반응을 보여준다. 간혹 이런 반응에 취해서 끝도 없이 계속 설명을 늘어놓는 경우가 있다. "잘 알았습니다", "감사합니다"라는 말이 나왔다면 그것으로 충분하다는 사인이다. 하고 싶은 이야기가 한참 남았더라도 그쯤에서 말을 접자.


## 첫 만남에서 '잘난 사람'이 될 필요가 결코 없다

### 없으면서 있는 척을 했을 때 벌어지는 일

친해지고 싶어서, 혹은 상대에게 잘 보이려고 허세를 부리는 사람이 있다.

"휴일에는 주로 뭘 하며 보내십니까?"

"음~ 뮤지컬을 보러 갈 때가 많아요."

"뮤지컬 좋아하시는군요. 요즘에는 어떤 작품이 인기가 있습니까?"

"요즘이요? 음…… 요즘에는……. 글쎄요, 제가 좀 바빠서 통
보질 못했어요(어색한 웃음)."
"아……."

대화가 개운치 않게 끝나고 말았다. 뮤지컬을 즐기는 사람으로
보이고 싶었지만 그 다음 질문에서 바로 들통이 난 것이다. 아마
도 상대방은 속으로 이렇게 생각할 것이다.
'뭐야, 뮤지컬을 주로 본다더니 요즘은 또 못 봤다고 하네. 그냥
되는 대로 말하는 사람 아니야?'

심리학에서는 설명하기를, 내가 먼저 마음 문을 열면 상대방도
마음의 문을 쉽게 연다고 한다. 이 말을 뒤집어서 생각하면, 내가
자신을 '좋은 사람'이나 '잘난 사람'으로 꾸미려 든다면 상대방
도 내게 진짜 모습을 보여주지 않는다는 이야기가 된다. 서로가
'진짜 내 모습'을 보이지 않으면 시간이 아무리 흘러도 진정한 관
계를 맺을 수 없다.
'멋있는 사람'인 척 연기하지 말자. 있는 그대로의 나로 다가설
때 훨씬 매력적으로 대화를 할 수 있다.

"이렇다 할 취미가 없어서 그냥 캔 맥주 하나 마시면서 뒹굴거릴
때가 많아요. 부담 없이 시작할 만한 좋은 취미 없을까요?"

"집에서도 회사 일을 할 때가 많아요. 그렇게 하루를 보내고 나면 '인생에 뭔가 다른 것도 있어야 하지 않을까.' 싶은 생각이 들기도 하죠."

알맹이 없는 허세보다 진정한 자신의 모습을 내보이는 사람이 훨씬 더 정겹고 믿음이 가게 마련이다.

## 9장에서 소개한 '첫 만남'의 대화법

- 좋은 첫인상을 남기고 싶다면 '웃는 얼굴'로 이야기하자. 일부러라도 미소를 띠면 분위기가 한층 부드러워진다.

- 처음 만난 사람에게 "나는 이러이러한 사람입니다"라고 자기소개를 하면 경계심을 풀 수 있다.

- 기억에 오래 남는 사람이 되고 싶다면 나 자신에게 구체적이고 독특한 '태그'를 붙이자

- 지난번 대화에 오갔던 이야기를 기억했다가 꺼내면 '성의 있다'는 느낌을 줄 수 있다.

- 내 전문 분야를 설명할 때는 중학생도 이해할 수 있는 쉬운 말로 풀어서 말하자.

- 좋은 사람, 잘난 사람으로 보이고 싶어 나를 꾸미려 들면 진정한 관계를 맺을 수 없다.

- 제 10 장 -

# 남자가 하고픈 말, 여자가 듣고픈 말은 따로 있다

> **여자에게
> '지금 당장'이라는 말은
> 폭탄이 될 수 있다.**

# 남자와 여자, 서로 다른 대화법

## '잘했어'의 의미는 남녀에게 서로 다를 수 있다

'남자 뇌'와 '여자 뇌'는 서로 다르다. 이 차이를 알면 남자가 좋아하는 말, 여자가 좋아하는 말을 상황에 맞게 할 수 있어서 잡음 없이 부드러운 대화를 이끌 수 있다.

지금도 많은 사람들이 거론하는 스테디셀러 《화성에서 온 남자 금성에서 온 여자》의 내용을 한마디로 요약하면 아래와 같다.

> **남자 뇌의 특징** : 사회적으로 높은 평가를 받고 싶어 한다.
> **여자 뇌의 특징** : 감정적인 유대를 원한다.

부하직원이 프로젝트를 성공적으로 마무리 지어서 이렇게 칭찬을 했다고 가정해보자.

**"잘했어. 자네는 정말 믿음직해."**

그 부하직원이 남자라면 이 칭찬을 듣고 아주 기뻐하겠지만, 여자라면 좀 다를 수도 있다. 어쩌면 부담을 느끼고 속으로 '선배가 믿음직스럽지 못하니까 내가 힘들잖아요'라든가 '본래는 과장님이 하셔야 하는 일이잖아요'라고 생각할지도 모른다.

여자 뇌의 특징을 고려한다면 "자네가 애써줘서 진심으로 고맙게 생각해", "고맙네. 자네 같은 부하직원을 둬서 얼마나 다행인지 모르겠어"라는 말이 훨씬 마음에 와 닿는 칭찬이다. 상대방의 수고를 내가 어떻게 느끼는지, 어떤 의미를 두는지 표현했기 때문이다.

## 대화만 하면 싸우는 남녀의 특징

> **남자 뇌의 특징** : 문제를 해결하고 싶어 한다.
> **여자 뇌의 특징** : 불평을 통해 불안을 토해내고,
> 그 불안을 공유하고 싶어 한다.

여자가 술자리에서 "오늘 이런 말도 안 되는 일이 있었어." 하고 푸념을 늘어놓기 시작하면, 대다수의 남자들은 의기양양하게 "그건 이렇게 하면 단번에 해결돼." 하고 해결책을 들이민다.
그러나 여자는 남자에게서 해결책을 원하지 않는다. 우선은 자신의 이야기를 잘 들어주길 원하고, 아니면 차라리 직접 나서서 문제를 해결해주길 원한다. 들어주지도 않고 해결해줄 것도 아니면서 잘난 척 훈수만 두면 반감을 살 뿐이다. 여자는 '이 남자는 내 말을 진지하게 듣지 않는다'라며 실망할지도 모른다. 한편 남자 입장에서는 억울할 수 있다. '기껏 해결책을 알려줬더니 별로 귀담아 듣지 않네.' 싶어 언짢아진다.
그러므로 이성과 대화할 때는 다음 사항을 기억하라. '상대방이

원하는 것'이 무엇인지를 염두에 두면 괜한 부딪침을 줄일 수 있다.

> **남자가 보여야 할 태도 :** 여자의 이야기를 판단하지 말고 끝까지 들어준다.
>
> **여자가 보여야 할 태도 :** 남자의 의도가 잘난 척하려는 것이 아니라, 나에게 도움을 주려는 것임을 기억한다.

남자는 '평가'나 '인정'을 중요하게 여기고, 여자는 '감정'과 '유대'를 중요시한다는 사실을 각각 잊지 말자.


## '멋지다', '예쁘다'보다 듣기 좋은 말

외모나 패션 등 누군가의 겉모습을 칭찬할 때도 상대가 남자냐 여자냐에 따라 초점을 바꾸면 효과적이다.

앞에서도 말했듯이 남자는 사회적으로 인정받을 때 기쁨을 느끼고, 여자는 개인적인 유대에 더 초점을 맞춘다.

남자의 겉모습을 칭찬한다면 "오늘도 근사하게 입으셨네요"라는 말 뒤에 "역시 유능한 사람은 자기 관리가 철저하네요." 하고 능력을 인정하는 말을 덧붙이면 효과가 배가된다. 겸연쩍어하면서도 내심 흐뭇해하리라.

여자의 겉모습을 칭찬한다면 "패션 감각이 뛰어나시네요"라는 말 뒤에 "뭔가 우아한 분위기가 있으셔서 볼 때마다 감탄해요." 하는 식으로 이어가 보자. '나를 특별하게 생각하는구나'라는 생각에 작은 감동을 받을 것이다.

덧붙이자면, '나이'에 대한 칭찬의 경우에도 성별을 고려해야 한다. 대부분의 여성들, 그리고 40대 이상의 남자들은 '어려 보인다'는 칭찬에 함박웃음을 짓는다. "대학생이라고 해도 믿겠는데요?" 같은 말을 듣는다면 누구라도 흐뭇해할 것이다. 하지만 30세 이하의 젊은 남자는 어려 보인다는 말보다 오히려 성숙하고 의젓해 보인다는 칭찬에 반응한다.

## 늘 처음 같은 연인들의 대화 방식

### 여자친구가 '몸이 안 좋다'고 했을 때, 모범 답안은?

"자기야, 나 아침부터 열이 나서 움직일 수가 없어……."

여자친구가 괴로운 목소리로 전화를 걸었는데 이렇게 답하는 남자가 간혹 있다.

"에이, 그렇게 몸 관리를 잘했어야지. 내가 늘 얘기하잖아. 자기 몸은 자기가 챙겨야 한다고. 아무튼 알았으니까 오늘은 일단 푹 쉬어."

정나미가 뚝 떨어지는 형편없는 대답이다. 걱정하고 위로하는 마음을 눈곱만큼도 찾아볼 수가 없다. 여자는 "몸 관리를 잘했어야지"라는 타박을 들으려고 전화를 건 것이 아니다. 곤란한 상황에 처했거나 힘들어하는 상대방에게는 위로와 도움의 메시지를 보내야 한다. 다른 것은 결코 보탬이 되지 못한다.

위의 사례에서 모범 답안은 아래와 같다.

**"많이 안 좋아? 지금 당장 달려가고 싶은데 조금만 기다려줘. 거래처 미팅 끝나는 대로 바로 갈게. 뭐 필요한 건 없어?"**

여자의 마음이 뭉클해질 것이다. 만약 위급한 상황이 아니라면 대개는 "고마워. 그런데 너무 무리하지는 마. 이러다 괜찮아지겠지. 만약 상태가 더 나빠지면 그때 다시 연락할게"라고 대답할 것이다.

남자가 "지금 당장 달려가고 싶다. 일이 끝나는 대로 바로 가겠다"라는 말을 한 시점에서 여자는 이미 충분히 만족했다. 애초에 전화를 건 목적도 '애정의 확인'에 있었을 것이다.

두 사람 다 일이 잘 풀리고 일상이 평안하다면 관계에 큰 에너지가 들 일이 없다. 하지만 한쪽이 힘든 상황에 처하면 두 사람의 사랑은 시험대에 오른다. 이럴 때 건네는 '사랑이 담긴 말'은 평소보다 몇 배의 가치를 발한다.

## 남자의 90퍼센트가 하는 착각

남자들이 언젠가 한번쯤은 연인에게 해주길 꿈꾸는 '깜짝 이벤트'. 남자에게는 정성 어린 사랑의 표현이지만, 과연 여자에게도 그럴까?

오랜만에 하는 데이트에서 남자가 여자를 고급 레스토랑으로 안내한다. 야경이 한눈에 내려다보이는 전망대 레스토랑으로, 워낙 유명해서 SNS에도 자랑 글이 자주 올라오는 곳이다. 남자는 이렇게 말한다.

"실은 너를 위해 한참 전에 예약해뒀어."

남자는 내심 '어때? 나 좀 멋지지?'라며 한껏 뿌듯한 심정이겠지만, 이 이벤트가 꼭 남자의 의도대로 흘러가리라는 보장은 없다. 경우에 따라서는 여자로부터 "아이 참, 왜 미리 말해주지 않았어?"라는 불평을 들을 수도 있다.

"여기 올 줄 알았으면 나도 좀 차려입고 오는 건데……. 며칠째 야근하느라고 오늘 엄청 추레하단 말이야. 창피해."

상황이 이쯤 되면 이날을 기념하며 사진을 찍는 건 무리라고 보아야 한다.

## 여자에게는 '행복의 예행연습' 시간이 필요하다

특별한 장소에 여자친구를 데려갈 생각이라면 사전에 언급을 하는 것이 훨씬 좋은 방법이다.

"ㅇ월 ㅇ일에 아무 약속도 잡지 마. 한강이 한눈에 내려다보이는
ㅇㅇㅇ호텔 레스토랑에 저녁 먹으러 가자."

아마도 연인의 기쁨은 몇 배로 커질 것이다. 꼭 화장하고 옷을 차
려입을 시간이 생겨서가 아니다. 여자들은 '시간'을 음미하는 성
향, 즉 결과보다는 과정을 중요시하는 경향이 있다. 당일의 경험
도 경험이지만, 그날이 오기까지 가슴 설레며 기다리는 것을 즐
긴다는 뜻이다.

만약 열흘의 시간이 남았다면, 연인은 그 열흘을 행복한 마음으
로 보낼 수 있다. 3일 전에 그 말을 들었다면 행복을 누릴 시간이
3일로 줄어들고, 당일에 그 사실을 알았다면 기쁨을 누릴 기간
은 몇 시간밖에 되지 않는다. 상황에 따라서는 당황하거나 짜증
이 날 수도 있다.

그러니 여자에게 특별한 이벤트를 할 생각이라면 되도록 빨리
그 사실을 전하자. 그래야 행복해지는 시간이 그만큼 늘어난다.
열흘 동안 충분히 행복의 예행연습을 한 후 약속 당일 레스토랑
에서 깜짝 선물로 꽃다발을 전해주는 편이, 하루 만에 정신없이
끝내버리는 것보다 훨씬 깊은 추억을 남길 것이다.

마음에 있는 여성에게 데이트 신청을 할 때도 마찬가지다.
"오늘 같이 저녁 드실래요?"라고 갑작스레 묻지 말고 "다음 주 수

요일에 저녁 식사 어떠세요?" 하고 조금 간격을 두자. 일주일 동안 충분히 설레고 기뻐한 그 사람은 밝은 얼굴로 약속 장소에 나타날 것이다.

## 위기의 데이트를 구하는 법

"미안해. 회사에서 막 나오려는데 팀장님이 갑자기 급한 일을 부탁하지 뭐야."
한 시간 늦게 약속 장소에 도착한 그녀의 변명이다.

"너무 늦게 왔잖아! 상사가 부탁한다고 다 들어주면 어떻게 해? 약속이 있다고 거절하면 되지. 영화 벌써 시작했어. 어떡할 거야, 이 영화표!"
"그게…… 내일 아침 회의 시간까지 필요한 자료라고 해서……."
"나는 너랑 영화 보려고 반차까지 썼어!"
"나도 어쩔 수 없었어. 달리 할 사람이 없었단 말이야. 내 입장도 좀 생각해주면 안 돼?"
"너야말로 내 입장 돼봐."
"아, 됐어!"

즐거워야 할 데이트가 엉망이 되었다.
남자가 잘못했다, 여자가 잘못했다, 사람마다 의견은 엇갈리리

라. 하지만 중요한 사실은, 어느 한쪽을 편드는 한 당신은 이와 비슷한 경험을 계속하게 되리라는 것이다. 남자에게는 남자 나름의 이유가 있고, 여자에게는 여자 나름의 이유가 있다. 이는 부정할 수 없는 사실이다.

그렇다면 어떻게 했어야 두 사람의 싸움을 막을 수 있었을까?

핵심은 '데이트의 목적'에 있다. 데이트의 목적은 바로 '둘이서 즐거운 시간을 보내는 것'이다. 두 사람은 이 목적을 달성했을까? 물론 아니다.

여자가 늦은 것은 사실이다. 영화표도 쓸모없게 되었다. 하지만 그렇다고 여자를 비난하기만 하면 두 사람은 목적을 달성할 수 없다.

**"그래? 팀장님한테 붙잡혔다니 어쩔 수 없지. 영화는 이미 물 건너갔으니까 기분 전환할 겸 노래방이라도 갈까?"**

남자의 목적이 '영화 관람'이 아니라 '연인과의 즐거운 시간'이라면, 이렇게 다른 방향으로 접근하는 편이 훨씬 현명했으리라.

여자 역시 '어쩔 수 없었다'라고 항변하는 대신 이렇게 말했다면 더 좋았을 것 같다.

**"내 생각해서 영화표도 준비하고 오후 반차까지 썼는데 미안해서 어쩌지? 대신 오늘은 내가 맛있는 밥 살게."**

남자의 노력과 성의를 인정해주는 말 한마디를 건넸더라면 아마 남자의 기분도 누그러졌을 것이다.

감정에 치우쳐서 상대를 비난하거나 자기방어에만 급급하다면 두 사람은 목적을 달성할 수 없다. 화가 치밀어 올라 상대방을 비난하고 싶어질 때면 그 말을 뱉기 전에 '본래의 목적'을 상기하자. 분명히 더 좋은 다른 말로 상황을 진정시키고 험악한 분위기를 피할 수 있을 것이다.

## 성공 확률을 높이는 고백 방법

### 고백을 할 때는 '빨간 구슬'을 떠올려라

이성에게 고백할 때 효과를 극대화시키는 한 가지 전략이 있으니, 바로 '뜸 들이기'다.

"나는 네가 좋아"가 아니라 "나는, 네가…… 좋아." 하고 살짝 간격을 두라는 뜻이다. 이렇게 하면 감정이 증폭되어서 상대방에게 더 큰 소리로 전달된다.

색색의 구슬 200개가 뒤섞여 있다. 뒤엉킨 구슬들 가운데 빨간색 구슬을 찾으라고 하면 어떨까? 몇 초, 혹은 몇 십 초는 충분히 걸릴 것이다. 그러나 빨간 구슬 주변에 다른 구슬이 아무것도 없다면? 1초도 걸리지 않는다. 당연한 말이지만, 빨간 구슬밖에 없으니 말이다.

말의 '간격'도 이와 같다. 중요한 말 하나만 남기고 그 주변의 불필요한 말을 치우면 정말로 전하고 싶은 그 말이 도드라져서 상대의 마음에 각인된다.

다음 두 가지 대화의 차이점을 들여다보라.

"저는 덜렁대고, 외로움도 잘 타고, 질투심도 많은 사람이지만
당신을 좋아합니다."

"저는 덜렁대고, 외로움도 잘 타고, 질투심도 많은 사람입니다.
……그렇지만 ……당신을 ……좋아합니다."

상상해보자. 어느 쪽이 사람의 더 마음을 움직일까?

마음을 전할 때는 '간격'이 충분해야 그 효과가 커진다.

절실한 마음을 고백할 때는 상대방이 '어? 왜 그러지?' 하고 순간 당황할 정도로 길게 '간격'을 띄워도 좋다.

말 사이의 간격이 긴장감을 자아내고, 당신의 고백은 더 큰 울림을 줄 것이다.

## ⟩ 남녀가 행복해지는 대화법 ⟨

- 남자는 '능력을 인정해주는 말'을 원하고, 여자는 대화 속에서도 '감정적인 유대'를 중시한다.

- 둘 중 한 사람이 힘들거나 아플 때는 '사랑이 담긴 말'이 평소보다 몇 배의 가치를 발한다.

- 남자에게는 '깜짝 이벤트'가 로망일 수 있지만, 여자들은 중요한 날을 앞두고 '시간'을 들여 음미할 때 더 행복해한다.

- 데이트 도중 다툼이 발생할 것 같다면, 두 사람이 오늘 만난 '본래의 목적'을 떠올리자.

- 좋아하는 마음을 고백할 때는 단어와 단어 사이에 '간격'을 두어서 효과를 극대화하자.

### 제11장

# 능력 있는 리더는
# 이렇게 말한다

**"**
결론부터 말해야
대화가 명쾌해진다.
**"**

# 능력 있는 리더는 이렇게 말한다

## 부탁을 하고도 칭찬받는 법

상사에게서 자료 복사를 부탁받았다.

"복사 부탁해."

"바쁠 텐데 미안하지만 이 자료 좀 복사해줘."

어느 쪽이 더 기분 좋게 들릴까? 당연히 후자다. 후자는 갑자기 일을 부탁받은 부하직원의 감정을 헤아리고 있다. 부하직원을 자기 소유인 양 함부로 대하는 사람에게서는 "바쁠 텐데 미안하지만"이라는 '마음이 담긴 말'이 결코 나오지 않는다.

그래서 하고 싶은 말 앞에 '상대방을 배려하는 어구'를 더하면, '진심이 느껴지는 사람'이라는 인상을 준다. '남의 감정을 읽을 줄 안다'는 평가를 받게 되며, 반감이나 괜한 오해를 살 일도 없다. 더불어 뭔가를 부탁하거나 협력을 구하기도 한결 수월해진다.

일을 잘하는 사람들, 그리고 장기간에 걸쳐 목적한 바를 계속 이루는 사람은 업무 능력만 뛰어난 것이 아니다. 이들은 공통적으로 '상대방을 배려하는 어구'를 입에 달고 산다.

실전에서 직접 사용할 수 있는 '배려의 어구'들을 다음 페이지에 소개한다.

- **반대, 혹은 보충 의견을 말할 때**

  "심정은 충분히 이해됩니다만", "주제넘은 말씀 같지만",
  "외람된 말씀이지만", "저도 아직 부족한 점이 많습니다만",
  "저도 마음이 편치 않습니다만", "비슷한 경험을 해본 입장에서
  말씀드리자면".

- **부탁할 때**

  "방해해서 죄송하지만", "바쁘신데 죄송합니다만",
  "번거롭게 해드려서 죄송하지만".

- **권할 때**

  "시간이 되신다면", "만약 관심 있으시면",
  "혹시 필요하시다면".

- **거절할 때**

  "호의는 무척 고맙습니다만", "저도 도와드리고 싶습니다만",
  "마음은 감사합니다만", "권해주셔서 영광입니다만",
  "여기까지 걸음 하셨는데 죄송하지만".

- **질문할 때**

  "대답하기 어려운 질문일지 모르지만", "민감한 질문이라
  여쭤보기 조심스러운데요", "실례가 안 된다면 한 가지
  여쭤보고 싶은데요".

- **해명, 혹은 반성할 때**

  "말씀드리기 송구스럽습니다만", "부끄럽기 짝이 없습니다",
  "책임을 통감하며 말씀드립니다".

- **주의를 주거나 충고할 때**

  "냉정한 소리 같지만", "괜한 참견일 수 있지만",
  "듣기 불편할 수 있겠지만".

- **가르침을 요청할 때**

  "제가 ○○에 밝지 않아서 도움 말씀 부탁드립니다",
  "후학을 위해서 한 말씀 청하고 싶습니다", "지도해주시면
  감사하겠습니다".


## '물론'과 '분명히'가 반론을 누그러뜨린다

무언가를 강력하게 주장할 때나 반대 의견을 제시할 때 우리는
자신도 모르게 흥분해서 상대방을 무시하는 태도를 취하기 쉽
다.

하지만 의견이 강할 때일수록 냉정함을 잃어서는 안 된다. 고압
적인 태도는 반감을 사게 되고, 반감을 사면 내가 원하는 결과를
결코 손에 넣지 못한다.

기억하라. 의견을 강력하게 주장하고 싶을 때일수록 '마음은 뜨
겁게, 말투는 차갑게' 유지해야 한다.

여기에서 마음은 당신의 의견을 뜻한다. 열정은 아무리 뜨겁게
솟아올라도 문제 되지 않는다. 하지만 이 열정을 입에 담을 때는
어느 때보다도 차분한 표현을 써야 한다. "당신의 의견을 전부 부
정할 생각은 없습니다", "당신의 마음은 잘 압니다"와 같은 뉘앙

스를 포함하라는 이야기다. 그래야만 당신의 의견이 이성적이고 객관적으로 도출된 것이라는 신뢰를 줄 수 있다.

내가 차분하고 이성적인 상태임을 알릴 수 있는 좋은 표현이 있다. 바로 "물론 ~입니다"와 "분명히(확실히) ~합니다"이다. 핵심은 일단 상대방의 뜻을 수용하라는 것이다. 상대방이 내 의견과 각을 세우는 상황이라면, 이 표현을 사용하여 그 사람의 기분이나 입장을 먼저 배려하고서 이야기를 시작해보자.

애연가인 당신에게 누군가가 이렇게 말한다면 어떤 기분이 들 것 같은가?

"흡연이 폐암의 발생률을 심각하게 높인다는 사실을 모르십니까? 흡연자들은 마음을 굳게 먹고 금연에 도전해야 합니다. 오늘 당장이라도 담배를 끊어야 합니다."

갑자기 이런 고압적인 말을 들으면 아마도 폭풍 같은 반론을 퍼붓고 싶을 것이다.

"그렇게 쉽게 끊을 수 있는 거면 진작에 끊었지, 왜 지금까지 피우고 있겠습니까?", "남의 기호에 웬 참견이에요?" 하는 날선 말들이 난무할 가능성이 크다.

이제 위와 똑같은 주장에 '분명히'라는 말을 붙여보자.

"금연에는 '분명히' 엄청난 고통이 뒤따릅니다. 저 역시 몇 번이나 실패했고, 담배를 완전히 끊기까지 3년이란 시간이 걸렸으니 그 사실을 누구보다 잘 알고 있습니다. 하지만 흡연이 폐암의 발생률을 크게 높인다고 하니 흡연자는 자기 자신을 위해서라도 굳게 결심하고 금연에 도전해야 합니다."

'분명히'라는 말로 시작하는 배려의 몇 마디를 덧붙인 후 차분하게 주장을 이어갔다. 처음의 말투보다 흡연자들의 이해와 공감을 구하기가 한결 쉬워진 느낌이다. "그래, 흡연이 뭐가 좋겠어? 나도 이참에 한번 도전해볼까?" 하고 마음이 움직이는 사람도 생길지 모른다.

격렬한 이야기일수록 차분하게, 그리고 섬세하게 전달해야 내말이 힘을 얻는다는 사실을 잊지 말자.


## "그래서 결론이 뭐야?"라는 말을 듣지 않으려면

'흥겹게 이야기를 이어가는 것'과 '장황하게 말을 늘어놓는 것'은 엄연히 다르다. 특히 업무 중에 불필요한 말을 질질 끄는 행동은 상상 이상으로 상대방의 신경을 날카롭게 만든다.

"그러니까 결론이 뭐야?", "무슨 말이 하고 싶은 거야?", "핵심이 뭐야?"와 같은 소리를 종종 듣는다면 자신의 화법을 돌아보자. 혹시 다음 대화 속의 후배 같은 어법을 쓰고 있지는 않은가?


"선배, 혹시 아이패드 가지고 다녀요?"

"아니, 안 가지고 다니는데. 너는 어떤데?"

"저요. 늘 가지고 다니죠."

"무거울 텐데 안 힘들어?"

"힘들지만 쓸 데가 많아요. 어제도 영업할 때 사용했고요."

"아, 그래?"

"선배, 메모할 때는 어떻게 하세요?"

"나는 그냥 수첩을 사용하거나, 급할 때는 핸드폰 녹음기를 켜지."

"아이패드는 메모 기능이 아주 끝내줘요. 참, 어제 고객사에 패드로 저희 회사 홈페이지도 보여줬어요."

"홈페이지까지? 그럴 필요가 있어?"

"그럼요, 있고말고요. 홈페이지에는 상품 설명 동영상이 있잖아요."

"아, 그럼 동영상 때문에 아이패드를 가지고 다녀?"

"네. 우리 제품이 말로 자세히 설명하기에는 한계가 있잖아요. 전에 한번은 거래처에서 아무리 설명을 해도 잘 못 알아듣는 거예요. 나중에 사무실에 들어가서 자료를 따로 전송한 적도 있다니까요."

"아, 그랬구나."

"참, 선배 지난달에 실적 엄청 좋았죠. 조금만 더 하면 영업 왕도 가능하겠어요."

"그래, 고맙대(근데 이 녀석은 무슨 말이 하고 싶은 거지?)."

좀처럼 결론이 나지 않는 후배의 말에 선배는 슬슬 짜증이 나기 시작한다. 매번 이런 식이라면 이 후배와 대화하는 것 자체가 스트레스이리라.

만약 후배가 다음처럼 결론부터 말한다면 어떨까?

"선배, 영업할 때 아이패드를 가지고 다니면 계약이 더 쉽게 성사돼요." ➡ 결론

"어, 그래? 어째서?"

"우리 회사 홈페이지를 바로 보여줄 수 있거든요." ➡ 이유

"홈페이지?"

"네, 홈페이지에 제품 설명 동영상이 있잖아요. 어제도 고객에게 그 동영상을 보여줬더니 괜찮은 제품 같다며 바로 계약하더라고요." ➡ 구체적인 예

"듣고 보니 괜찮은 방법이네. 나도 들고 다녀야겠는데?"

"분명 도움이 될 거예요. 선배는 안 그래도 실적이 좋은데, 이 방법으로 영업 왕까지 차지하는 거 아니에요?" ➡ 결론과 전망

훨씬 짧은 시간 안에 원하는 내용을 성공적으로 전달했다. 선배는 후배의 제안을 명쾌히 파악했고 긍정적으로 받아들였다. 대

화의 끝맺음 역시 깔끔하다. 결론 없이 장황하게 이야기하는 습관을 고치고 싶다면 다음의 순서를 기억하자.

1. 결론을 먼저 말한다.
2. 이유를 말한다.
3. 구체적인 예를 든다.
4. 다시 한 번 결론을 강조한다.
5. 전망을 제시한다.

이 '결론 ➡ 이유 ➡ 구체적인 예 ➡ 결론 ➡ 전망'이라는 흐름은 논리적인 화법의 이상적인 전개 방식으로, 글을 쓸 때나 프레젠테이션을 구상할 때 큰 도움이 된다.

처음부터 결론을 제시하면 듣는 이는 흥미를 가지고 이야기에 집중하게 된다. 또한 마지막에 전망을 덧붙이면 자연스럽게 미래를 상상할 수 있고, 그 결과 행동으로 옮기기도 더 쉬워진다. 이 흐름을 적절히 이용해 자신의 의견을 전달해보자. 말의 영향력이 눈에 띄게 향상될 것이다.

## TPWE, 말에 꼭 필요한 코디네이터

야유회에 갈 때 정장을 입거나, 상사의 결혼식에 목 늘어난 티셔츠를 입고 참석하는 사람은 없다. 대화에서도 이러한 TPO(시간,

장소, 경우)를 분별해야 한다.

예를 들어 초면인 사람들로 가득한, 진지한 분위기의 업계 모임에서 실없는 농담을 연발하는 것은 삼가야 한다. 또한 상사가 심각한 얼굴로 "실은 일주일 전부터 아내 몸 상태가 심상치 않아"라고 이야기하는데 "아이고, 그러고 보니 강 부장님 사모님도 몸이 좀 이상타 싶어 병원에 갔더니 글쎄 암이었대요"라고 응수한다면 재난에 가까운 상황이 연출되리라.

간혹 말의 TPO를 분별하자고 하면 '팔방미인이 되라'는 뜻으로 받아들이는 사람이 있다. 그러나 정확히 표현하자면, 그 자리의 분위기와 상황을 살펴서 상대방에게 실례가 되지 않도록 행동하자는 의미다. '이 사람은 눈치가 없는 무례한 사람이군.' 하고 한번 인상이 박히면 더 이상 즐거운 대화는 기대할 수 없다.

대화에서 필요한 'TPO'를 나는 'TPWE'로 변형하여 소개하곤 한다. 내가 말하는 TPWE란, 시기의 T(timing), 장소의 P(place), 대상의 W(who), 감정의 E(emotion)를 가리킨다.

> **T** : 대화 주제는 '시기'에 걸맞은가? 시간대, 계절 등의 시기를 고려해야 한다.
> **P** : 어떤 '장소'인가? 공식석상, 동료와의 가벼운 술자리, 회의 등에 따라 대화 내용이 달라져야 한다.

> W: '대상'이 누구인가? 대화 상대를 상사, 부하, 동료, 거래처, 초면인 사람 등으로 구분할 수 있다.
>
> E: 상대방의 '감정'은 어떤가? 편안하거나, 예민하거나, 흥분했거나, 혹은 당황한 상태일 수도 있다.

이러한 포인트를 고려해서 나의 태도, 말투, 표정, 어휘, 맞장구 정도, 대화 소재, 질문 내용 등에 변화를 주어야 한다.


## '인상적인 말'로 경쟁하라

### 유명 인사도 '나를 알아봐 주는' 사람에게 감동한다

업계의 유명 인사나 중요한 인물을 처음 만나게 되었다면 누구라도 긴장할 것이다. 이 만남에서 특별한 성과를 거두고 싶다면, 혹은 나를 기억하게 만들고 싶다면 최대한 정보를 수집하여 '의외성 있는 질문'들을 뽑아내야 한다.

본래 사전 조사를 하는 목적은 '제한된 시간 안에 효율적으로 정확한 질문을 하기 위해서'다. 그런데 이 조사 결과를 잘 활용하면 상대방의 마음까지 사로잡을 수 있다. 본디 인간은 자신을 알아봐 주는 사람에게 마음의 문을 여는 법이다.

나 역시 그런 경험을 한 적이 있다. 처음 만난 사람이 "페이스북에 올리신 글을 봤습니다. 따님이 뮤지컬 쪽에서 일하시는 것 같더군요"라고 말을 걸어왔다. 그 질문을 듣고서 나는 기쁨 반 놀라움 반으로 답했다.

"그런 사소한 것까지 기억해주시다니, 감사합니다."

'내게 관심을 가져주는 사람에게는 정말로 마음 문이 쉽게 열리는구나.' 하고 실감한 순간이었다.

누군가에 관해 정보를 수집할 때는 당연히 경력, 직업, 가족 구성, 취미, 사상, 관심사 등 내용이 풍성할수록 좋다. 이 중에서도 특히 주목할 것은 '업무와 관계가 없는 정보'들이다. 이해관계에 얽히지 않은 이야기를 해야 마음의 거리를 좁힐 수 있기 때문이다.

**"○○씨는 개를 좋아하시나 봅니다. 포메라니안을 기르신다고**
**들었어요."**

이렇게 미리 조사한 정보를 실마리 삼아 말을 꺼낸 후 "저도 강아지를 참 좋아하거든요……." 하며 한걸음 내딛으면 대화가 수월해진다.

요즘에는 블로그나 페이스북, 트위터 등의 프로필에 본인의 근황을 소개하는 경우가 많아서 정보를 얻기가 어렵지 않다. 만약그 사람을 아는 지인이 주변에 있다면 "제가 ○○씨를 조만간 뵐예정인데, 어떤 분이세요?" 하고 적극적으로 정보를 구해보는 노력도 필요하다.

## 대화 초반 10초 만에 성패가 결정된다

나는 전화 통화로 취재를 의뢰할 때가 많은데, 취재의 성사 여부는 초반 10초 만에 거의 결정된다. 이 10초 안에 어떤 인상을 주었느냐가 일의 성패를 좌우하는 셈이다. 이 시간 동안 상대방의 경계심을 허물어뜨리지 못하면 취재를 거부당할 확률이 높고, 설령 취재를 간신히 하게 되었더라도 속 깊은 이야기는 듣기가 어려워 고전을 면치 못한다.

초반 10초 안에 좋은 인상을 주려면 아래의 네 가지 포인트를 지켜야 한다.

- 갑자기 전화한 것에 대해 양해 구하기.
- 내가 누구인지 이름 밝히기.
- 왜 전화했는지 용건 말하기.
- 계속 통화해도 좋은지 허락 구하기.

구체적인 예를 들어보자.

"바쁘신데 죄송합니다(양해 구하기). ○○회사의
▲▲이라고 합니다(이름 밝히기). ◇◇ 업무 협조 건으로
전화드렸습니다(용건). 3분 정도 통화 가능하십니까(허락)?"

이렇게 이야기를 시작하면 상대방이 나의 성의를 알아줄 확률이 높다. 만약 일하느라 한창 바쁜데 양해 한마디 구하지 않고, 본인의 이름도 밝히지 않은 채 용건부터 말한다면 무례하다고 느낄 것이다. 아마도 중간에 말을 자르고서 전화를 끊어버리고 싶지 않을까? 자기 할 말만 떠들어대는데 유쾌할 리가 없다. 전화를 걸 때는 상대방의 표정을 볼 수 없으므로 직접 만날 때보다 더 세심한 주의를 기울일 필요가 있다.

만약 "지금은 좀 바쁩니다"라는 대답이 돌아오면 상대방의 상황에 맞춰서 다시 전화를 걸면 된다.

### 베테랑 기자가 '쓸모없는 수첩'을 챙기는 이유

대화 도중, 상대방에게 단번에 신뢰감을 심어줄 수 있는 아주 좋은 방법이 있다.

바로 '메모하기'다.

**"잠시만 실례하겠습니다. 잊지 않게 메모 좀 하겠습니다."**

이렇게 상대방의 말을 정중히 끊고서 얼른 가방에서 수첩과 펜을 꺼내면 그 사람의 이야기하는 태도가 확실히 달라진다. 장담하는데, 훨씬 더 성실하고 적극적인 모습으로 변할 것이다.

우리가 메모를 하는 이유는 필요한 내용을 잊지 않기 위해서다. 그런데 내 경우는 여기에 더 중요한 의도가 숨어 있다. 바로 '나는 당신의 이야기를 진지하게 듣고 있습니다'라는 메시지를 보내는 것이다.

취재 기자들 중에는 녹음기를 사용하기 때문에 메모는 필요 없다고 말하는 이들도 있다. 그렇데 취재원 앞에 녹음기를 놓아두고 두 손은 놀리고 있으면 아무래도 진지한 태도를 전달하기가 어렵다. 녹음기를 쓰더라도 메모를 병행하여 귀담아 듣는 모습을 시각적으로 보여주면, 다른 기자에게는 말하지 않은 양질의 정보나 속마음을 털어놓기도 한다.

실제로 한 지인이 '자꾸 야단치는 상사' 때문에 고민할 때, 내가 '메모의 위력'을 귀띔해준 적이 있다. 그 친구는 다음부터 상사가 지시를 내릴 때마다 메모하는 모습을 보여주었다고 한다. 그랬더니 상사의 태도가 눈에 띄게 호의적으로 바뀌고 평가도 한결 후해졌다는 뒷이야기를 들었다.

어려운 누군가를 내 편으로 만들고 싶다면 주머니에 항상 수첩을 넣고 다니자.

## 명함 한 장에서 피어나는 이야기꽃

누군가의 명함을 받으면 제대로 읽어보지도 않고 지갑이나 주머니에 쑥 넣어버리는 사람들이 더러 있다. 혹시 당신도 그렇지는 않은가?

사실 명함은 대화거리가 잔뜩 들어 있는 창고와 같다. 명함의 앞, 뒷면을 꼼꼼하게 살펴보면서 적극적으로 정보를 찾아보자.

"안토니오? 외국 이름을 쓰시네요?"

"네. 세례명입니다."

"그러고 보니 천주교 쪽에서 많이 쓰는 이름이군요."

"네, 세례를 받은 후로는 이름 대신 쭉 세례명을 쓰고 있습니다. 친구들이 '안토니오 반만데라스'라고 놀리기는 하지만요(웃음)."

명함에 가장 크게 적혀 있는 글자는 역시 '이름'이다. 이름에서 뭔가 색다른 점을 발견했다면 관심을 가지고 질문해보자.

"이름이 중성적이네요. 요즘 트렌드에 맞는 이름이에요."

"드문 한자를 쓰시네요."

"이름이 참 독특하고 예쁘네요. 누가 지어주신 건가요?"

회사에 관한 정보도 마찬가지다. 회사 이름의 의미, 사업 내용, 지금까지의 역사 등 나눌 이야기는 많다.

"회사 이름이 ○○○인데, 무슨 의미인가요?"

"○○회사라면 어떤 사업을 주로 하는 곳인가요?"

혹은 회사의 주소를 읽고서 "회사가 ○○동에 있군요. 요즘 젊은 사람들한테 아주 인기 있는 동네라고 하던데요"라고 아는 척을 해볼 수도 있고, 직책을 언급하며 "젊어 보이시는데 직책이 전무시네요. 대단하십니다." 하고 이야기의 범위를 확장할 수도 있다.

그런 이유로 나는 명함을 만들 때 특히 신경을 쓴다. 내가 이룬 성과나 특별한 취미 등을 적어두면 상대방이 읽고서 이런저런 질문을 하곤 한다. 스스로 대화에 서툰 사람이라고 느낀다면 명함에 특별히 공을 들이자. 대화를 끌어내는 좋은 수단이 된다.

11장에서 소개한
## 성공적인 비즈니스 대화법

- 일 잘하는 사람, 성공하는 사람들은 '상대를 배려하는 어구'를 적극 활용한다.

- 강하게 주장하고 싶을 때는 '분명', '물론'이라는 말을 앞세워서 상대를 배려하자.

- 장황하게 말하는 습관이 있다면 결론을 먼저 밝히는 연습을 하자.

- 대화할 때는 TPWE, 즉 시기와 장소, 대상, 상대방의 감정을 고려하여 말에 변화를 주어야 한다.

- '업무와 관계 없는 정보'들이 오히려 사람의 마음을 움직인다.

- 전화 통화를 할 때는 특히 초반에 세심한 주의를 기울여야 한다.

- 중요한 사람과 대화할 때는 꼭 수첩을 챙기자.

- 명함 한 장에 담긴 정보를 활용하면 화기애애한 대화를 나눌 수 있다.

# 사소한 대화가
# 인생을 바꾼다

지금까지는 듣는 법, 말하는 법, 질문하는 법을 포함하여 다양한 대화의 기술을 알아보았다. 이 책에서 소개한 '좋은 대화'는 인생을 변화시키는 힘을 발휘한다.

대화에는 서로 경계심을 풀고 마음을 나누게끔 하는 힘이 있다.
누군가와 나눈 즐거운 대화가 인연이 되어, 인생 친구가 되기도 한다.
혹은 우연히 건넨 말이 계기가 되어, 둘도 없는 파트너가 생기기도 한다.
또는 한마디 대화를 통해서, 인생의 기쁨이나 의미를 가르쳐주는 최고의 스승을 만날 수도 있다.

그렇게 소중한 이들과 공감하고 위안과 격려를 나눌 때 당신의 365일이 빛난다.

대화가 살아나면 그 사람의 내면이 살아난다.
성장의 기회 또한 훨씬 가깝게 다가온다.
대화에 활기를 불어넣는 것이 인생에 활기를 불어넣는 길이다.
그러니 대화를 두려워하지 말자.

이 책을 선택한 당신.
대화 앞에서 머뭇거리던 모습에서 벗어나, 하루하루 마주치는 수많은 사람들과 진심으로 마음을 나누게 되기를 바란다.
대화는 당신의 인생을 더욱 풍요롭게, 보람 있게, 깊이 있게 만들어줄 것이다.
아무쪼록 당신의 인생이 대화와 함께 계속 성장해나가기를 소망한다.

옮긴이 **김현영**

수원대학교 중국학과를 졸업하고, 번역 에이전시 엔터스코리아에서 출판기획 및 일본어 전문 번역가로
활동하고 있다. 역서로는 《명참모의 조건》, 《하루를 완성하는 시간 아침 30분》, 《1일 30초》, 《30일 기적의
공부법》, 《레이첼의 시크릿가든》, 《도요타 생산방식》, 《반딧불이 CEO》, 《내 아이를 위한 독서비타민》,
《용기를 북돋우는 칭찬기술, 열정을 부르는 꾸중기술》 등이 있다.

**잠시도 말이 끊기지 않게 하는 대화법**

**초판 1쇄 발행** 2019년 8월 5일
**초판 5쇄 발행** 2024년 9월 16일

**지은이** 야마구치 다쿠로
**펴낸이** 정덕식, 김재현
**펴낸곳** (주)센시오

**출판등록** 2009년 10월 14일 제300-2009-126호
**주소** 서울특별시 마포구 성암로 189, 1707-1호
**전화** 02-734-0981
**팩스** 02-333-0081
**메일** sensio@sensiobook.com

**디자인** Design IF

**ISBN** 979-11-967504-1-1 03190

소중한 원고를 기다립니다. **sensio@sensiobook.com**